Les grands criminels 10

LES GRANDS CRIMINELS
- N° -10-

Les grands criminels 10

Les grands criminels 10

À mes parents pour leur soutien inconditionnel, leur aide précieuse tout au long de ma vie

À mes enfants, qui sont la plus belle réussite, qu'un homme puisse souhaiter, pour ce qu'ils sont, mais aussi pour ce qu'ils deviendront…

Merci à Jean-Louis Vincent, pour son aide précieuse à la relecture de mes écrits.
Sa générosité et le temps qu'il me consacre apportent une plus-value à mes histoires…

Les grands criminels 10

Les grands criminels 10

Bientôt, il n'y aura plus de criminels,
Rien que des malades ;
Plus d'opposants,
Rien que des délinquants ;
Plus de déviants,
Rien que des tordus…

(Roger Gentis)

Les grands criminels 10

PREFACE

La nature humaine peut souvent s'avérer complexe et à la fois surprenante. Les crimes et assassinats continuent redoublant même parfois d'ingéniosité mais pour une même finalité. Quel est ce besoin de tuer chez certaines personnes ? Souvent dans ces affaires, le crime ne fait partie que d'un acte nécessaire pour arriver à ses fins, pour d'autres c'est plus difficile.

Jean-Louis Vincent continue de relire mes écrits et apporter des corrections quand nécessaire. Il est possible que cet homme toujours aussi généreux dans nos échanges, ne se pose plus guère la question, il est vrai que son passé d'officier de police l'a souvent confronté à des crimes affreux où la nature humaine a révélé toute sa complexité. Pourtant il continue de temps à autre, à s'intéresser aux crimes et assassinats, il a publié trois ouvrages complets sur trois affaires emblématiques et continue de relire les miennes. Je pense qu'il continue lui aussi parfois de vouloir comprendre certains faits qui manque de clarté.

Son dernier livre sur l'affaire Raymond Mis & Gabriel Thiennot, les deux chasseurs condamnés pour le meurtre d'un garde-chasse a suscité chez certaines personnes des doutes quant à leurs aveux. Je reste persuadé pour ma part que l'on se trompe de débat. La cour de révision a validé la tenue d'un nouveau procès, car les auteurs ont déclaré avoir avoués sous la torture lors de leurs interrogatoires. D'une part, il faut se repositionner dans le contexte de l'époque, bien avant la sortie du code de procédure pénal qui entre en vigueur le 2 mars 1959. D'autre part, il faut se poser la vraie question, sont-ils innocents ou coupables ?

A l'époque les interrogatoires étaient plus musclés qu'aujourd'hui, ce qui ne veut pas dire que toutes les personnes qui ont commis des méfaits avant l'application du code de procédure pénal sont innocentes. Dans ce cas tous ces condamnés encore vivants ou leur ayants droits pourraient également réclamer une révision. Or à l'époque, les malfrats et même simples citoyens respectaient la police, ils ne leurs seraient jamais venu à l'idée de remettre en cause le travail de cette dernière, surtout si pour certains ils ont été pris la main dans le sac en flagrant délit. Tout comme il n'était pas automatique que les suspects soient malmenés durant l'interrogatoire.

Dans ce volume vous découvrirez encore des histoires curieuses et difficiles à croire comme celle de Rémi Chesne qui avec la complicité d'Audrey Louvet s'est vengé d'un adultère que sa femme a commis plus de 5 ans auparavant, avant que cette dernière se suicide. L'affaire aussi de Pierre Conty, ce « babacool » qui refusait le système imposé par notre société, mais qui n'a pas hésiter à tueur pour voler le symbole du capitalisme. Il n'a jamais été arrêté et toujours en fuite depuis les années 1970.

Une affaire rendue célèbre celle de Margaretha Geertruida Zelle connue sous le nom de Mata Hari. En 1916, cette femme a été fusillée soupçonnée d'être une espionne. Nos frontaliers ne sont pas oubliés non plus avec Marie Becker, sans doute l'une des plus grandes empoisonneuses de l'histoire. A ne pas confondre avec Marie Besnard qui, elle, après plusieurs expertises, a été reconnue innocente. Rassurez-vous une fois de plus je vous ai gratifié d'une affaire d'adultère avec cette fois la femme, Mélanie Fleury qui réussit à convaincre son amant Damien Rolland de supprimer le mari gênant dans la commune de l'Aigle. Une affaire qui m'a particulièrement choqué, celle d'Éric Sabatier et Virginie Darras qui ont battu à mort leur petite fille Marina. Je me suis toujours demandé si un jour, il ne faudrait pas mettre en place un permis pour devenir parents ? Lorsqu'on en vient à attenter à la vie de ses propres enfants, il y a de quoi s'inquiéter. N'a-t-on pas, dans cette catégorie touché le fond ?

Voilà 16 nouvelles histoires sur lesquelles on pourrait naturellement s'étendre, mais je préfère que vous en preniez connaissance pour vous faire votre propre opinion. Je vous rappelle que sur le site les fiches sont toujours gratuites et téléchargeables, la page Facebook reçoit une publication agenda chaque jour en lien avec une affaire n'hésitez pas à la consulter et commenter les publications de vos avis. Une passion est faite pour être partagée, le crime est fait pour être combattu...

1916 – Margaretha Geertruida ZELLE
Mata HARI

Elle avait pour nom Margaretha Geertruida Zelle. Quel destin curieux que celui de cette petite fille qui naît le 7 août 1876 aux Pays-Bas, à Leeuwarden, aussi appelée Leuvarde en français, une ville typique néerlandaise qui représente aussi le principal centre urbain, en plus d'être le chef-lieu de la province de Frise. Elle est issue d'une famille d'honnêtes commerçants. Son père, un brave homme, est marchand de chapeaux.

M'greet comme on l'appelle familièrement est l'aînée d'une famille de quatre enfants, elle a trois frères. Elle devient une splendide jeune fille qui fait baisser les regards et bondir les cœurs. En effet, dans ce pays froid, les origines de sa mère lui ont donné ce teint exotique qui fait le plus bel effet parmi la gent masculine hollandaise. On la dit vive et coquine et elle sait, très jeune, jouer de son charme. Son père l'adore et sacrifie son dernier argent pour lui faire faire des études. Mais, en fait d'études, Margaretha entretient une liaison sulfureuse avec le directeur de l'établissement où elle est censée s'élever à la culture. Cela n'est pas du goût de tout le monde et dans la prude société de cette fin du 19ème siècle, cet « amour contre-nature » fait jaser.

Lors de ses études à Leyde pour devenir institutrice, elle est renvoyée de l'école à la suite du scandale de sa relation qui éclate. Le directeur perd aussi sa place. Décidée et quelque peu aventurière, M'greet trouve un moyen de voir du pays en répondant à une annonce matrimoniale. Elle épouse un capitaine de vaisseau, de 20 ans son aîné, qui se fait fort de lui faire découvrir le monde. Ce n'est pas le grand amour. Être fruste et quelque peu violent, le dénommé Rudolf MacLeod préfère la bouteille à la jeune épousée. Cela ne va pas l'empêcher de lui faire deux enfants qui ne survivront pas.

En attendant, le couple s'est installé dans les Indes néerlandaises (ensemble des îles que les Pays-Bas contrôlaient en Asie du Sud-Est de 1800 jusqu'à la Seconde Guerre mondiale). Margaretha découvre une certaine façon de vivre qui lui convient fort bien.

Les grands criminels 10

On dit que M'greet a commencé à ce moment-là une carrière d'escroc et de courtisane. Elle attirait dans son lit quelques hommes mariés. À ce moment-là survenait son mari qui faisait chanter les amants déconfits.

Lorsqu'en 1902 le couple regagne la Hollande, s'ensuit un divorce à La Haye (siège du gouvernement des Pays-Bas). M'greet s'en va à la conquête de Paris, capitale française. Voilà donc notre amie à l'assaut de la plus belle ville du monde. Jouant sur le patronyme écossais de son ex-mari, elle se fait appeler « Lady MacLeod » et, pour survivre, se fait entretenir par les hommes, devenant une cocotte, personnage qui se situe entre la courtisane et la prostituée dans le Paris de la Belle Époque. Elle se fait embaucher tout d'abord comme cavalière dans le cirque d'Ernest Molier, qui lui propose d'évoluer en danseuse dénudée ; elle commence dès lors à composer son rôle de danseuse orientale puis de mannequin. Elle trouve enfin sa voie et devient danseuse de charme. Le public découvre alors une princesse javanaise au nom exotique, « Mata Hari », ce qui, littéralement, veut dire « L'œil de l'Aurore » ou « soleil » en indonésien.

Elle devient rapidement l'une des figures du Musée des études orientales baptisé Musée Guimet, du nom de son mécène Emile Guimet. Dans cet espace culturel, une salle de spectacle privée accueille une nomenklatura (liste de personnes privilégiées, dans les pays de l'Est, du temps du régime soviétique, choisie et fortunée) Au fur et à mesure de ses apparitions, Mata Hari s'impose comme une artiste courue. Elle n'est pas vraiment belle, plutôt bien en chair, mais elle a une présence qui rend les hommes fous d'elle. Elle s'est créé une légende. Elle est née à Java et a été initiée à la danse par des prêtres bouddhistes. Et ça marche...

Le 13 mars 1905, le maître des lieux, le sieur Émile Guimet, convie ses amis à une soirée exceptionnelle au cours de laquelle est présenté un tableau typique. Le dieu Shiva aux six bras reçoit l'hommage sensuel de moult jolies filles. La maîtresse de ce ballet érotico-exotique n'est autre que Mata Hari qui, pour l'occasion, a revêtu un collant couleur chair plus que suggestif. Elle rend hommage au dieu hindou Shiva et s'offre à lui lors de la 3ème danse, se dénudant progressivement. C'est le début d'un triomphe annoncé. La troupe présente le spectacle dans toute l'Europe mais aussi en Afrique. C'est à partir de cette date que celle que l'on appelle « Mata Hari » devient une vedette qui collectionne plusieurs amants fortunés et influents.

Lorsque la guerre éclate en 1914, contrairement à beaucoup d'autres, elle ne connaît pas les affres de la faim, de la soif et de l'exode. Bien au contraire. Cette femme polyglotte, qui est de nationalité hollandaise, est une égérie incontournable. Elle voyage librement d'un pays à l'autre. Il n'y a pas d'ennemis pour la danseuse mais que des amants potentiels. Et quels amants ! Devant le succès du spectacle parisien, Gabriel Astruc devient son imprésario pendant dix ans, faisant jouer la troupe en août 1905 à l'Olympia puis à travers toute l'Europe. Rémunérée alors 10 000 francs (1 524 euros) par soirée, couronnée d'aigrettes et de plumes, elle se produit d'une capitale à l'autre, guettée par les échotiers qui comptent ses chapeaux, ses chiens, ses fourrures, ses bijoux et ses amants.

Voilà qu'un jour, Mata Hari l'intrigante tombe amoureuse d'un jeune pilote de chasse russe, Vadim Maslov, fils d'amiral. Il n'a que 21 ans, mais qu'importe. Il a du charme et reflète l'insolence de sa presque adolescence. Lorsque l'avion du pilote est abattu, en septembre 1916, la jeune femme n'a qu'une idée en tête, rendre visite à son jeune ami, blessé à l'œil, qui a été hospitalisé dans les Vosges aux environs de Vittel, notamment connu pour son eau. Les choses ne sont pas si simples, les sauf-conduits ne se donnent pas comme ça. C'est alors qu'elle fait la connaissance du capitaine Ladoux, chef du contre-espionnage, qui fait une proposition à la jeune femme. Si elle veut voir son amant, il lui faudra tout d'abord rendre visite au Kronprinz, le prince héritier de l'Empire allemand qu'elle connaît, et tenter de lui soutirer un maximum de renseignements afin d'informer l'armée française. Elle bénéficiera en outre d'une confortable récompense. Un million de l'époque, une véritable fortune. En tant que ressortissante des Pays-Bas, elle peut franchir librement les frontières (son pays natal étant resté neutre durant ce conflit mondial).

La chose n'est pas une mince affaire car pour cela il faut faire des milliers de kilomètres. Elle doit tout d'abord se rendre en Espagne, puis en Hollande qui est en zone libre et de là regagner l'Empire allemand. Elle est arrêtée par les services secrets britanniques (MI-5) à Falmouth, une ville portuaire à l'extrême sud des Cornouailles, en Angleterre. On l'interroge puis ne trouvant rien à lui reprocher, on la laisse poursuivre son voyage. Mata Hari doit tenir parole si elle veut revoir son jeune amant. Pour cela, elle est prête à tout. Elle révèle aux britanniques son appartenance aux services secrets français.

À son arrivée à Madrid, elle ne tarde pas à séduire un attaché militaire allemand, le major Kalle qui informe Berlin des mouvements des sous-marins en Méditerranée et surtout à destination du Maroc. Il est en outre chargé de faciliter l'accession au trône de Grèce du prince héritier Georges. L'un de ses messages est intercepté par les alliés. Celui-ci semble explicite tout du moins pour les services du contre-espionnage : « L'agent H-21 s'est rendu utile ». Qui est donc cet agent H-21 qui a si bien travaillé ? La réponse est toute trouvée. Il s'agit de Mata Hari qui ne se doute de rien et qui rentre à Paris le 4 janvier 1917. Toujours aussi amoureuse, elle doit retrouver son pilote russe à l'Elysée-Palace, un hôtel prestigieux.

On la laisse tranquille quelques semaines mais le 13 février 1917, le capitaine Bouchardon sonne à la porte de sa chambre. Mata Hari ouvre à l'officier accompagné de deux soldats, avec un sourire. Elle est nue, impudique. Elle fait entrer avec courtoisie ses visiteurs. Elle ignore que pour elle, l'enfer va commencer. On ne trouve pas de preuve incontestable, mais le sac à main contient, parmi son maquillage, deux produits pharmaceutiques. Elle déclare que l'un de ces produits est un contraceptif, possession bien légitime compte tenu de ses activités, mais il entre aussi dans la composition de l'encre sympathique (une substance utilisée pour l'écriture. Elle est invisible une fois appliquée, mais peut être ultérieurement révélée par certains moyens d'action).

Conduite à la prison Saint- Lazare qui deviendra l'hôpital Saint-Lazare, située dans le 10ème arrondissement, elle est interrogée sans répit par Pierre Bouchardon, un magistrat. (Pendant la Première Guerre mondiale, il est mobilisé au 3ème conseil de guerre avec le grade de capitaine-rapporteur). Pressée de questions la prisonnière avoue qu'elle a bien touché de l'argent des Allemands. Pour faits d'espionnage ? Non, pas du tout, répond Mata Hari ; pour rétribuer ses faveurs. Le consul allemand en Hollande lui a même donné 20 000 dollars (18 614 euros) pour passer une nuit en sa compagnie. L'argument n'est pas recevable pour le militaire qui abat ses cartes. Mata-Hari est une espionne qui a joué sur plusieurs tableaux. À cause des confidences qu'elle tirait de ses divers amants, elle a causé la mort de plus de 100 000 hommes. Pour cette trahison, c'est la mort assurée. L'accusation, qui ne manque pas d'imagination, affirme que l'espionne utilise un code à base de notes de musique pour transmettre des messages à l'ennemi.

Accusée d'espionnage au profit de l'Allemagne dans le cadre d'une enquête sommaire, Mata Hari passe du statut d'idole à celui de coupable idéale, dans une France traumatisée par la guerre et dont l'armée vient de connaître d'importantes mutineries après l'échec de la bataille du Chemin des Dames. (Une mutinerie restée célèbre dans l'histoire de la part des soldats hostile à leur commandement. La bataille terminée, les tribunaux militaires prononcèrent 3 427 condamnations dont 554 à mort ; à sept reprises, Pétain refusa de transmettre les dossiers de recours en grâce et 43 mutins furent exécutés.

Le 24 juillet 1917, Mata Hari est jugée à huis clos et en une seule journée par le 3ème conseil militaire, au Palais de justice de Paris. Elle a choisi pour avocat, Maître Édouard Clunet, un ancien amant bien sympathique mais incompétent, dont la spécialité est le droit international. Celui-ci, d'ailleurs, va se montrer bien peu convaincant au cours du procès dans lequel la vie de sa cliente est en jeu. Parmi les témoins qui défilent rapidement, Vadim Maslov vient traiter son ancienne maîtresse « d'aventurière ». Il est bien loin le temps de l'amour fou.

D'autres, au contraire, soutiennent que la danseuse est incapable d'avoir fait de l'espionnage militaire. La messe est dite. Mata Hari va payer cher, très cher, ses élucubrations érotiques. À cette époque, le front est sujet aux mutineries des poilus qui n'en peuvent plus de cette sale guerre ; la « grande guerre » diront plus tard certains. La grande guerre où l'être humain ne vaut pas la pelle qui sert à l'ensevelir. On sait que certains officiers de l'époque ont envoyé leurs soldats se faire tuer à cause de leur incompétence. Il fallait un coupable. Mata Hari a été désignée comme la coupable idéale en assurant qu'elle avait le don de faire parler les responsables alliés et transmettre les informations à l'ennemi qui pouvait ainsi déjouer toutes les stratégies militaires.

Si cela est vrai, pourquoi n'a-t-on pas interrogé et puni les amants un peu trop bavards ? La Cour présidée par le lieutenant-colonel Somprou se doit de faire un exemple. Mata Hari, danseuse étrangère, est jugée coupable Elle est condamnée à mort pour intelligence avec l'ennemi en temps de guerre, sur réquisitoire de l'avocat général Mornet, et sa grâce rejetée par le président Raymond Poincaré qui laisse la justice suivre son cours. Oserons-nous cette image d'Épinal du petit matin blême et glacial et de cette femme fière, naguère adulée, aujourd'hui détestée, en pleine force de l'âge qui, ultime défi, refuse le bandeau qu'on veut lui poser sur les yeux ? Elle envoie des baisers à ceux qui ont déjà armé leurs fusils et qui dans quelques secondes vont mettre fin à sa vie. Elle sourit à son avocat torturé par le doute et au désespoir de n'avoir pas su trouver les mots pour mieux la défendre ?

Peu de temps avant son exécution, bien que n'étant pas croyante, elle a de nombreux entretiens avec le pasteur Jules Arboux qui était aumônier des prisons et qui l'accompagne jusqu'à ses derniers instants. Il est tôt en ce 15 octobre 1917 au pied de la forteresse de Vincennes. Le froid est là certes, et pourtant, les soldats qui s'apprêtent à épauler leurs armes pour viser la condamnée à mort sentent de grosses gouttes de sueur couler le long de leurs reins. Ils se demandent par quel mauvais coup du sort ils ont été désignés pour abattre celle qui fut l'égérie de toute une époque et qui leur sourit alors qu'elle n'est déjà plus qu'un souvenir.

Est-elle inconsciente, résignée, téméraire, courageuse ? Des années durant ils vont se poser la question. Ils vont douter de leurs propres raisons. Mais il leur faut accomplir leur mission jusqu'au bout. Ce sont des hommes de devoir. Un ordre bref et ils mettent la suppliciée en joue, ils savent qu'à ce moment, il ne faut pas tricher qu'il ne leur servirait à rien de détourner leurs armes. Cette femme doit mourir, et vite. C'est la meilleure chose qu'ils puissent lui offrir. Son sort est scellé parce qu'elle a trahi ou parce qu'elle a trop usé de ses charmes ou encore parce qu'il fallait qu'elle meure pour que d'autres n'aient pas à expier leurs erreurs et leurs incompétences.

Ils la voient dans leur ligne de mire, coiffée d'un grand canotier (un chapeau de paille de forme ovale à fond plat, à bords également plats, orné d'un ruban) et vêtue d'une robe élégante garnie de fourrures, avec un manteau jeté sur les épaules. Elle refuse d'être attachée au poteau et rejette le bandeau qu'on lui propose. Elle est vaillante, sans peur, insolente presque. Alors que les soldats la mettent en joue, Mata Hari s'écrie : « Quelle étrange coutume des Français que d'exécuter les gens à l'aube ! ». Un autre aboiement, ils tirent. Le corps s'écroule, petite masse informe, soudain recroquevillée et puis c'est l'ultime sacrifice, une balle dans la nuque pour achever l'offrande, pour pouvoir inscrire le mot « fin » à un procès d'opérette et faire tomber le rideau sur une mauvaise pièce de théâtre qui finit mal.

Le silence est épais, on entend à peine tousser l'avocat transi de froid dont les joues sont couvertes de larmes. Une méchante caisse en bois fait office de cercueil provisoire et l'on emporte le corps vers la morgue. Sa famille ne réclame pas le corps, qui est confié à la faculté de médecine de Paris où les restes du cadavre seront répartis sur les tables d'anatomie. De celle qui restera dans la mémoire collective comme Mata Hari, l'impossible espionne, on embaumera la tête sanguinolente que l'on confiera au Musée d'Anatomie de Paris où, ultime impudence, elle sera perdue un jour. À moins qu'un « admirateur » anonyme ait décidé de conserver cette macabre relique. Il y en a parfois qui ont vraiment des goûts bizarres.

Le 19 octobre 2001, grâce aux travaux de Léon Schirmann, chercheur et écrivain qui épluche les archives françaises, allemandes et hollandaises depuis 1992, la fondation néerlandaise Mata Hari et la ville natale de la danseuse, Leeuwarden, engagent l'avocat Thibault de Montbrial pour déposer une requête en révision du procès de Mata Hari auprès de Marylise Lebranchu, ministre de la Justice, seule habilitée à donner suite à la requête puisqu'elle n'émane pas des descendants de la condamnée. La demande est rejetée.

Les membres de la fondation « Mata Hari » sont persuadés d'après des documents d'archives que cette femme n'était en fait qu'une gourgandine à l'humeur folâtre. À ce jour, aucun dossier n'a été rouvert. Mata Hari, Dreyfus : ça ne sent pas bon le secret-défense cette histoire ! Presque un siècle après sa mort, Mata Hari, la princesse exotique, est toujours dans l'esprit des gens aussi mystérieuse que fascinante…

1932 - Marie-Alexandrine BECKER

Nous sommes le 14 juillet 1879 lorsque Marie Alexandrine Petitjean nait à Wamont, une section de la ville belge de Landen en Région flamande, avant la fusion des communes en 1965. Elle bénéficie d'une enfance sereine entre des parents aimants. Ce sont des paysans, ce qui explique, en partie, qu'elle ne fréquente pas beaucoup les bancs de l'école. Car il faut leur prêter « main forte ».

Pourtant, Marie-Alexandrine est intéressée par la connaissance et ne souhaite pas mener la même vie, bien qu'honorable, de ses parents. Elle demande donc au curé du village de l'aider dans son éducation intellectuelle en lui apprenant la lecture, l'écriture et quelques notions de calcul, afin qu'elle acquière plus d'atouts pour sa vie future.

En 1895, Marie-Alexandrine est âgée de 16 ans. Elle décide de quitter ses parents, la même année où les frères Lumière inventent « le cinématographe » à Paris, révolutionnant une partie des arts de l'époque. Elle se rend à Liège, qui à l'époque est la capitale de la principauté flamande. L'une de ses tantes possède un commerce de cordage installé rue Saint-Pholien. Pour fidéliser la clientèle masculine, on sert volontiers du « Pecket » (un alcool de grain distillé). Marie-Alexandrine vit dans une petite mansarde sous le toit mais ne tarde pas à rejoindre la demeure d'une amie pour exercer la profession d'apprentie couturière.

Le 15 août 1896, Marie-Alexandrine est âgée de 17 ans et c'est lors des fêtes mariales (les jours du calendrier liturgique consacrés à la Vierge Marie) à Outremeuse, (un quartier administratif et une île de la ville de Liège) qu'elle rencontre son premier amant, Yann. Le jeune homme ne sera que le début d'une longue série. Lorsqu'elle a 20 ans, en 1900, Marie-Alexandrine travaille pour un atelier de couture, passionnée par cette activité. Toutes les clientes reconnaissent qu'elle est très douée et appliquée dans son travail. Durant son temps libre, elle est dévergondée, adore les cafés-concerts, sortir, fumer. Elle se fiche de ce que pensent les autres mais reste très appréciée. Les témoins du procès diront d'elle : « Marie ? Un tempérament de feu ». Ce qui à l'époque n'avait rien d'un compliment pour une jeune fille.

Toujours gaie et joyeuse, son sourire plaît beaucoup aux hommes. La jeune femme leur offre volontiers de l'alcool. Eux, ne manquent pas de proposer d'aller plus loin avec la jeune couturière, ce qu'elle ne refuse jamais, sans exiger le moindre dédommagement en retour. À cette époque, elle gravit les échelons de l'échelle sociale. Elle est ainsi passée de première ouvrière au statut de vendeuse et s'occupe désormais des essayages dans une grande boutique de mode à Liège, rue du Pot d'or. Elle a désormais sa propre habitation et fréquente la bourgeoisie fortunée pour lui dispenser des conseils de mode.

En 1905, c'est l'exposition universelle de Liège. Marie-Alexandrine a 26 ans et c'est durant ces festivités qu'elle rencontre Charles Becker qui devient son époux. Elle s'apprête à mener une vie de femme au foyer paisible, ce qui n'est pas tout à fait à son goût. Pourtant, cette vie « traditionnelle » pour les femmes de l'époque va durer 30 ans. Monsieur Becker est un brave homme. Il est plutôt casanier, n'a pas beaucoup d'imagination et ne fait pas partager à son épouse une vie passionnante et trépidante. A part ça, c'est un honnête homme respecté de tous dans sa belle ville de Liège.

Le couple s'est installé dans une maison voisine de la scierie familiale des Becker. Son mari Charles y travaille avec son frère Gustave, sous les ordres de leur père qu'on appelle « Monsieur Becker ». Marie doit renoncer à sa petite demeure et sent bien qu'elle n'arrive pas à s'adapter à cette nouvelle famille. Des conflits naissent entre sa belle-mère et Léontine, l'épouse de son beau-frère Gustave, au point que le patriarche envisage de licencier sa bru. Les disputes incessantes redoublent de plus belle et le patriarche met son plan à exécution. Charles exige une compensation financière à son père et part avec son épouse Marie.

Charles et Marie reprennent alors une charcuterie à Bressoux, une section de la ville située en Région wallonne. Ils n'y connaissent rien, le commerce court inévitablement et rapidement à sa ruine. Marie, comme à son habitude, multiplie les aventures. Ce qui sauve le couple c'est le décès du père Becker. Charles décide alors de reprendre le flambeau familial, c'est un métier qu'il connaît bien, plus que la charcuterie. Pour Marie, toutefois, il est hors de question qu'elle travaille dans l'enceinte familiale comme autrefois, ni d'y habiter. Le couple Charles et Marie-Alexandrine garde leur maison et c'est dans une pièce de l'habitation familiale de la scierie que Marie installe un atelier de couture.

Les affaires sont florissantes, une riche clientèle commence à fréquenter assidument l'atelier. Marie est une femme droite qui a de bonnes amies. Elle fait partie du paysage local. En 1920, l'objectif qu'elle s'était fixé est atteint : ouvrir un commerce de mode à Liège, rue Saint-Léonard. Le succès est au rendez-vous. Marie décide d'embaucher quatre ouvrières. Rien ne la prédispose à entrer dans la grande histoire de la criminologie. Oui mais voilà, le destin en a décidé autrement. Ainsi, à l'âge de 53 ans, Marie succombe au charme enjôleur d'un certain Monsieur Lambert Beyer. Marie a attrapé ce terrible virus que l'on appelle le « démon de midi ».

Elle a retrouvé ses vingt ans et se met à rêver d'une autre vie, d'un tourbillon de bonheur avec le beau Lambert qui va, lui a-t-il dit, la combler et lui faire connaître un monde dont elle ne soupçonne même pas l'existence. Après quelques jours de cette douce euphorie qui agit sur elle comme un bain de jouvence, Marie tombe de son petit nuage. Elle a un sérieux problème. Jamais son mari ne lui laissera vivre sa nouvelle existence. Elle ne voit qu'un moyen pour gagner sa liberté, c'est de se séparer définitivement du gêneur. Sa décision est prise, elle va tuer sa moitié depuis plus de trente ans et ainsi profiter de la vie.

Pour arriver à ses fins, elle utilise l'arme préférée des femmes : le poison. Son nom : la digitaline. La digitaline ce produit qui, administré à petites doses est une aubaine pour le cœur mais, pris exagérément, condamne la victime à une issue fatale. Ce qui devait arriver arriva. A la fin de l'année 1932, Monsieur Becker s'éteint avec la compassion de tous et au grand désespoir de sa veuve qui profite de la prévoyance de son mari. En effet, Marie hérite d'une assurance-vie et fait l'acquisition d'un petit magasin de lingerie. Le poison est une arme facile et très utilisée à cette époque. La toxicologie est une discipline certes avancée mais encore faut-il avoir des soupçons. Pour la mort de Monsieur Becker, personne n'en aura. Lambert Beyer reste un amant de cœur mais Marie ne souhaite plus partager sa vie avec lui. Elle est libre et ne compte pas se remettre la corde au cou. Tout du moins pour l'instant.

Lorsque Marie Castadot, une amie de longue date, se manifeste pour réclamer le remboursement d'un prêt antérieur, notre empoisonneuse va la recevoir gentiment et lui offrir le thé pour discuter des modalités du remboursement. Malheureusement, le thé va rester sur l'estomac de la dame Castadot qui va s'éteindre subitement en ce 23 mars de l'année 1933. Marie Becker connaît beaucoup de femmes qui ont souvent des ennuis de couple et comme elle n'est pas avare de petits services, elle n'hésite pas à aider Madame Guichner qui pense qu'il serait judicieux de supprimer son époux. Qu'à cela ne tienne, la femme Becker connaît une poudre qui « endort sans faire de vague ». Et lorsque le pauvre Hugo Guichner absorbe le délicieux thé qu'on lui prépare, c'est, semble-t-il, pour fêter son dernier voyage. Mais le breuvage ne donne pas entière satisfaction. Hugo est au bord du trépas mais résiste miraculeusement à la forte dose de digitaline que l'on a versée dans sa boisson. Voilà un homme qui l'a échappé belle. Et ce cher Lambert Beyer, que devient-il ? En fait ça ne va pas très fort, il est malade et pour l'aider à combattre le mal qui le ronge, Marie lui concocte de bonnes tisanes dont elle a le secret. Lambert meurt le 2 novembre 1934, muni des sacrements de l'église en laissant un joli héritage à celle qui a si bien veillé sur lui, la brave veuve Marie Becker.

Commerçante appréciée et sage pour son entourage, Marie mène une tout autre vie, la nuit, dans les cabarets de la ville où elle rencontre le succès auprès de la gent masculine, non pour sa beauté qui est largement derrière elle mais pour l'argent qu'elle a et qui fait le bonheur de ses jeunes amants d'un soir. Les gigolos se pressent autour de cette dame de cinquante-cinq ans à l'allure austère qui apprécie les jolis blondinets et le champagne. Marie n'est pas dupe. Elle a compris que l'argent est la clef de ses bonheurs éphémères. Elle va faire de ses héritages un « fonds de commerce » qui lui assurera le concours empressé des plus beaux jeunes hommes de Liège. Becker s'étourdit dans les bras virils de ces gamins qui ont en eux l'inestimable présent de la jeunesse.

Pour continuer cette existence qui lui est impossible d'abandonner, Becker cherche de l'argent. Elle ne connaît qu'un moyen pour en obtenir rapidement et suffisamment, le meurtre. Julie Bossie sera une autre de ses victimes. Elle lui prépare, comme à l'accoutumée, le thé fatal au cours d'une visite amicale et Julie meurt le 20 mars 1935. Puis, vient le tour de Catherine Beeken-Pairot qui s'en ira au soir du 1er mai. Elle aussi s'est vu offrir non pas du thé par son amie Marie mais du vin. Cela permettra à l'empoisonneuse de garder les actions qu'elle lui avait « empruntées ». Le 19 mai, c'est au tour d'Aline Louis-Damoutte de succomber après avoir ingéré le thé si généreusement offert par Marie Becker.

Quinze jours plus tard, Marie Flohr est également victime de l'empoisonneuse. Heureusement pour elle, elle va résister. Becker fait la tête. Comment a-t-elle pu manquer son coup ? Il faut vraiment qu'elle maîtrise mieux son sujet. Comme il est difficile d'être une infaillible tueuse en série... Faut-il augmenter les doses de digitaline ? À chaque victime sa dose et sur quels critères ? Le 15 septembre, Marie Remacle rejoint l'enfer ou le paradis, « l'histoire ne le dit pas ». Pour Marie Becker, c'est le Nirvana. Quelles belles soirées elle va se payer avec l'héritage de sa brave copine qui a pensé à elle dans son testament, même si celui-ci a été légèrement modifié par ses soins !

Le 11 novembre 1935, la pauvre Marie Evrard-Crulle perd la vie dans les mêmes circonstances. Il y a beaucoup de morts autour de Marie Becker au point que la justice commence à s'intéresser à elle. Mais après quelques investigations et une enquête somme toute sommaire, il n'y a aucun élément hormis les héritages pour la soupçonner de quoi que ce soit. Alors l'affaire est classée, tout du moins provisoirement. Marie a-t-elle eu peur ? Qui sait ! Durant quelques mois les choses semblent se calmer autour de sa personne. Tout du moins en apparence. Elle se fait oublier, croyez-vous ? Que nenni...

Le 7 mai 1936, une jeune femme, Marie Stevart, rejoint l'autre monde. Marie Becker n'aura pas à lui rembourser l'argent qu'elle lui a emprunté. Deux mois plus tard, c'est Alexandrine Lejeune-Blum qui échappe à une mort aussi subite qu'inexplicable. Cela n'empêche pas Marie Willems-Bulté de profiter d'un enterrement de première classe le 20 septembre. On n'a jamais retrouvé ses bijoux... Une semaine plus tard, Florence Van Caulaert-Lange fait le grand saut. Enfin, le 2 octobre 1936, Marie Luxem-Weiss quitte ce monde dans les mêmes circonstances que toutes ces malheureuses.

Catherine Beeken-Parot, Aline Louis-Damoutte, Marie Flohr...Presque toutes les victimes ont des points communs : ce sont des femmes âgées, seules et, surtout, elles ont prêté de l'argent à la veuve noire. La technique d'approche est toujours la même : l'empoisonneuse se rend chez ses victimes en tant que garde-malade. A cette époque, le bouche-à-oreille va bon train dans le cercle des bourgeoises liégeoises. Elles se recommandent les services de bons employés. Marie Becker ne fait pas exception : elle semble gentille, serviable, amicale, elle sert bien le thé... Aucune de ses clientes ne suspecte la quinquagénaire de vouloir sa mort pour ne pas devoir rembourser ses dettes. Les victimes tombent comme des mouches entre ses mains en à peine quelques mois. Toutes boivent du thé et souffrent des mêmes symptômes : coliques, vertiges et vomissements jusqu'au décès.

Quelques jours plus tard, une lettre anonyme arrive au tribunal de Liège. L'informateur, dont on ne saura jamais le nom, signale qu'une certaine Marie Becker était souvent au chevet de Madame Florence Van Caulaert-Lange et que le décès de celle-ci est bien étrange. Dans un même temps, on s'inquiète du décès d'une autre amie de Marie Becker. Il s'agit de celui de Marie Luxem-Weiss. C'en est trop. Pour la police, les soupçons se transforment en certitude. Le 12 octobre 1936, Marie est arrêtée. Devant tant de remue-ménage, les habitants de la rue Donceel à Liège sortent de chez eux. Les passants s'arrêtent pour observer la scène.

Le juge demande l'exhumation des corps des victimes. Va-t-on disposer des preuves indispensables à l'inculpation de Marie Becker ? Eh bien non ! La digitaline se dissout rapidement après la mort et les examens ne permettent pas d'affirmer que le poison est la cause du décès des victimes supposées. La maison de la suspecte est fouillée. On y retrouve des numéraires, des bijoux, des titres et des objets appartenant aux défuntes. Voilà des preuves qui s'ajoutent à l'énorme quantité de digitaline découverte chez la présumée coupable.

A quoi peut bien servir cette substance ? « C'est pour mon cœur » rétorque la suspecte. Un médecin va l'examiner. Marie Becker a un cœur en béton, aucun médecin n'a pu lui prescrire un tel médicament et surtout en si grande quantité. Le juge pense que les testaments de Marie Remacle et de Marie Evrard sont faux. Becker nie... Elle n'a rien à se reprocher. On persécute une pauvre veuve. Elle est évidemment innocente, sa vie est entourée de tant de malheurs que l'on peut bien la laisser tranquille maintenant. Mais rien n'y fait. Elle est traduite devant un tribunal.

Le procès se déroule du 7 juin au 8 juillet 1938. Ce véritable feuilleton judiciaire amène chaque jour une foule de plus en plus compacte à la cour d'assises de Liège. Elle est accusée de onze meurtres par empoisonnement et de cinq tentatives de meurtre. Elle est, selon l'accusation, coupable de faux et usage de faux. L'accusée se défend bec et ongles, niant tout, même les évidences, mentant sans relâche et ce n'est pas les quelques trois cents témoins de l'accusation qui défilent à la barre qui vont la faire changer d'attitude. Elle réfute systématiquement toutes les charges reconnues contre elle et toutes les dépositions des témoins. Elle ne reconnaîtra qu'un sulfureux trafic de digitaline vers la Hollande. Elle cite le nom d'une complice que l'on ne retrouvera jamais. Après un mois de procès intense, le 8 juillet 1938, Marie Becker est reconnue coupable de meurtres, elle est condamnée pour ces faits à la peine capitale. La guillotine. Marie Becker a de la chance. La peine de mort même si elle est encore dans les textes de loi n'est plus appliquée en Belgique. Et, comme c'est l'usage depuis 1863, sa peine est commuée en détention à perpétuité.

Mais que s'est-il passé dans la tête de cette femme de 53 ans qui n'avait jamais eu d'histoire par le passé pour qu'elle devienne l'une des empoisonneuses les plus prolifiques d'Europe ? On pense qu'après un certain âge, les tueurs en série potentiels se font rares. Marie Alexandrine Becker, citoyenne belge est à contre-courant de toutes les théories criminelles. C'est l'exception qui confirme la règle. Elle va assassiner en quelques mois au moins onze personnes et essayer d'en tuer autant avec ruse et méthode. Marie Becker meurt de sa belle mort à la prison de Forest le 11 juin 1942, durant la Seconde Guerre mondiale...

Les grands criminels 10

1977 - Milivoj MILOSAVLJEVIC

En 1977, Martine Monteil est commissaire stagiaire de la Police Judiciaire (PJ) à la préfecture de police de Paris, 3ème brigade territoriale placée sous le commandement de Serge Devos. Son équipe est saisie d'un crime, le 4 novembre 1977, qui a eu lieu dans un parking souterrain, avenue Claude Vellefaux dans le 10ème arrondissement. Une jeune femme, Christine Kergreis, âgée de 22 ans, est retrouvée morte à l'arrière de son véhicule.

La jeune femme est partiellement dévêtue et outre les traces de strangulation, on devine qu'elle a sans doute subi des violences sexuelles. Martine Monteil est particulièrement choquée par l'âge de la victime, sensiblement le même que le sien. Sans savoir précisément ce qui sera utile à la suite de l'enquête, les policiers photographient et examinent tout ce qui peut sembler opportun, ne négligeant aucun détail.

La scène de crime est assez restreinte. Seules les empreintes digitales sont relevées. Rappelons qu'à l'époque on ne parlait pas encore d'empreintes génétiques contenues dans l'ADN. Sur le cou, les traces de strangulation semblent résulter de la seule force des mains. Un couteau ordinaire, style « cuisine », est retrouvé également sur place mais n'a pas servi au meurtre. Seule caractéristique, sur le manche en plastique deux entailles faites au contact de la chaleur. Le sac à main de la victime a été fouillé et l'argent qu'il pouvait contenir a disparu. La veille, Christine Kergreis a déclaré à ses collègues de travail qu'elle avait une soirée de prévue entre amis. Le lendemain matin, ne la voyant pas arriver au travail, ses collègues téléphonent puis décident de venir chez elle. Mais elle ne répond pas. C'est dans le parking qu'ils découvrent son corps et appellent les autorités.

Christine était une jeune femme de 22 ans qui avait une vie rangée mais aimait s'amuser. Toujours souriante, c'était une jolie personne blonde estimée par sa famille et son entourage. Elle exerçait la profession de secrétaire et travaillait de manière sérieuse pour accéder aux fonctions supérieures. Son ambition professionnelle prenait beaucoup le pas sur sa vie personnelle. Son rêve : entrer dans l'aviation comme hôtesse de l'air. Son appartement est bien rangé, chaque objet est à sa place. Christine notait également toutes ses activités, toutes ses visites et ses appels dans un petit carnet. Les policiers voient l'un de ses contacts, soit collègue de travail ou supérieur hiérarchique, l'appeler souvent, l'inviter à déjeuner ou venir lui rendre visite.

Les recherches aboutissent à son employeur, dont les contacts dérangeaient Christine, même s'il ne s'était jamais rien passé. Christine en avait parlé à sa meilleure amie qui lui servait de confidente et à ses parents. Les policiers décident d'interpeller l'intéressé afin d'en savoir un peu plus sur la nature de leur relation. La jeune femme qui craignait de perdre son emploi, acceptait de temps à autre des déjeuners avec lui, mais lorsque ce dernier a tenté de l'embrasser, Christine l'a repoussé. L'homme était amoureux de la jeune femme, mais pour elle, il n'y avait pas un tel sentiment. Christine décide alors de quitter son emploi. L'homme, interrogé une bonne partie de la nuit, s'avère ne pas être l'auteur du crime. Il était absent au moment des faits, en vacances en Tunisie.

Les policiers arrivent à la conclusion qu'il n'y a pas de suspect dans l'entourage de la victime. Christine n'a pas une vie dissolue, même s'il lui arrive d'avoir des aventures avec des hommes. Elle en parle toujours à son amie. Une personne au courant de ses rencontres lui permet d'être rassurée. Les enquêteurs s'orientent plus vers un rodeur. Des centaines de plaintes sont extraites des archives. L'accent est surtout porté sur des viols dans le 10ème arrondissement, dans ou à proximité de parkings. Les policiers s'aperçoivent qu'il y a déjà eu des affaires de viols, dans le même arrondissement et au-delà. Les recoupements sont faits sur un homme noir qui attaquait au couteau. Or, dans la voiture de Christine, une arme semblable a été découverte.

Lorsque le corps de Christine Kergreis a été retrouvé, seuls quelques articles dans la presse ont été publiés dans la rubrique des faits divers, sans plus de précision, ni de mise en garde. Trois jours plus tard, une autre jeune femme est agressée pendant qu'elle vidait ses poubelles dans le local prévu, situé dans le parking souterrain. Pour cette fois, heureusement une simple tentative, l'homme s'est enfui devant les cris de la jeune femme qui n'a pas aperçu son visage. A partir de ce moment, sans savoir s'il s'agit du même homme, les articles de presse se multiplient, parlant de deux attaques dans le même arrondissement et dans des mêmes lieux.

Deux jours après la seconde agression, une autre a lieu le 9 novembre 1977, dans le même arrondissement et surtout aussi dans un parking souterrain. Une jeune femme est victime d'une tentative de strangulation avec son collier autour du cou qui finit par casser. C'est le bruit provoqué par l'ascenseur qu'un homme empruntait pour se rendre au parking, qui a surpris l'agresseur, le mettant en fuite. A partir de cette troisième agression relayée par la presse, une psychose s'installe sur un mystérieux agresseur du 10ème arrondissement de Paris. La presse en première page parle de « l'étrangleur du Xème ». Les femmes craignaient d'aller chercher seule leur voiture au parking, une peur est perceptible.

Le préfet de police demande à la police d'organiser des nombreuses rondes, afin que le public sache que les policiers sont bien présents et au travail. Qui sait, lors d'une ronde, même de simples policiers en tenue pourraient tomber sur le mystérieux étrangleur ! D'autres pièges sont mis en place comme des femmes-policiers au volant de petites voitures, souvent utilisées par des femmes entrant dans des parkings souterrains. La jeune commissaire, Martine Monteil, fait partie naturellement du dispositif. A l'arrière, allongé, un collègue est prêt à intervenir en cas de tentative d'agression. Il faut préciser que le statut de la commissaire stagiaire Martine Monteil ne lui permet pas d'avoir de port d'arme.

L'étrangleur ne se montre pas, les policiers épluchent les fiches signalétiques des suspects possibles, fouillent immeubles après immeubles, mais sans résultat. Le 10ème arrondissement est très vaste, avec autant de vieux immeubles que de modernes, des petites rues, de grandes avenues. Plus de 40 policiers sur les 60 mobilisés, rien que dans l'arrondissement, se risquent à la routine du

« porte à porte ». Peut-être qu'une personne a vu quelque chose ; même un élément peu important peut déboucher sur un début de piste. Dans l'attente d'autres informations, les habitants sentent cette présence policière qui rassure un peu, et qui permet d'atténuer le feu allumé par la presse.

Un homme se présente à la brigade territoriale, il aurait vu le soir de la première agression, celle de Christine Kergreis, quelque chose qui ressemblait à une attaque, pendant qu'il promenait son chien. Alors que Christine se trouve devant la porte du garage de son immeuble, un homme semble lui parler. Une fois la porte ouverte, Christine entre dans le parking alors que l'homme se faufile derrière le véhicule. Un homme brun, costaud, d'environ 1,80 mètre. Le témoignage, même faible, est enregistré dans un procès-verbal. On ne sait jamais, il pourrait faire bientôt un début de piste. Les policiers sont persuadés que l'individu va recommencer.

Le 15 novembre 1977, un incendie est déclaré dans un immeuble de la rue Jacques-Louvel-Tessier. Lorsque les pompiers interviennent à la hauteur du 4ème étage, ils sont stupéfaits de découvrir un corps. L'équipe de Serge Devos arrive sur place avec Martine Monteil. Ils constatent que le corps n'est que partiellement calciné. Il s'agit d'une jeune femme dénudée qui porte également des traces de strangulation. Ses vêtements sont retrouvés à proximité, il est vraisemblable qu'elle a été violée, ce qui sera plus tard confirmé par l'autopsie. La jeune femme âgée de 35 ans, Djajica Prgomet, d'origine yougoslave, devait repartir chez elle quelques jours plus tard. Djajica devait récupérer une importante somme d'argent dans l'après-midi qui a également disparu. Certes, les lieux d'agressions entre un parking souterrain et un appartement sont différents, mais se situent dans le même arrondissement, avec viols et strangulations.

La presse, pour sa part, continue d'alimenter une certaine psychose. Les raccourcis sont faciles et glaçants entre Jack l'éventreur à Londres, le fils de Sam aux Etats-Unis ou encore le tueur de l'Oise à Nogent. Si tel est le cas, selon la police, il s'agirait d'un tueur solitaire, les plus difficiles à traquer. Les enquêteurs découvrent que l'immeuble est habité par de nombreux yougoslaves qui connaissaient bien la victime et sont peut-être capable de connaître les fréquentations de la jeune femme et avec qui elle aurait pu avoir des différends. Les informations qui reviennent aux enquêteurs parlent d'un Yougoslave réputé assez violent.

Une femme également yougoslave apporte le témoignage auprès de la brigade territoriale d'une de ses amies, mariée à un Yougoslave assez violent et en instance de divorce. Elle déclare que ce dernier appelé Milivoj Milosavljevic et qu'il serait tout à fait capable de telles agressions. Milivoj fréquentait aussi l'immeuble où a été perpétré le dernier meurtre. Les enquêteurs commencent à s'intéresser à cette piste. Ils découvrent que Milivoj Milosavljevic, âgé de 27 ans, a effectivement quitté sa femme et vit chez sa mère à l'angle de l'avenue Claude Vellefaux, avec vue sur l'entrée du parking souterrain où a eu lieu le premier meurtre celui de Christine Kergreis. Les policiers commencent à établir un lien entre les deux crimes et décident de procéder à l'interpellation de Milivoj Milosavljevic.

L'interpellation chez la mère du suspect se déroule sans aucun problème mais entraîne dans le même temps une perquisition. Dans la cuisine, des couteaux similaires sont découverts portant les mêmes traces de brûlures que celui trouvé dans le véhicule de Christine Kergreis. La mère de Milivoj déclare aux policiers que c'est une habitude de son fils, lorsqu'il cuit des œufs, il pose toujours le manche en plastique du couteau lui servant à étaler le blanc de l'œuf sur le rebord de la poêle, ce qui occasionne des traces de brulures sur le manche. C'est cette similitude qui déclenche la garde à vue du suspect.

Durant l'interrogatoire, les policiers s'aperçoivent que le suspect avait de nombreuses ardoises chez les commerçants du quartier. Curieusement, le lendemain de chaque meurtre, Milivoj rembourse ses dettes. D'autre part, le témoin qui promenait son chien le soir du meurtre de Christine Kergreis, reconnaît bien en Milivoj Milosavljevic, l'homme qui a eu une discussion musclée avec la jeune fille et qui s'est introduit dans le parking souterrain, suivant

Christine. La commissaire Martine Monteil se propose de prendre le relais de l'interrogatoire. En fouillant dans le portefeuille du suspect, elle lui montre une photo d'un petit garçon que Milivoj identifie comme étant son fils. La commissaire lui déclare alors : « Tu vois quand tu sortiras, ce petit garçon sera un homme ! ».

Martine Monteil fait croire à Milivoj Milosavljevic que s'il passe des aveux, le juge pourrait se montrer clément et les années de prison pourraient être minorées, ce qui n'est pas du tout certain, mais qui a le mérite d'être tenté. La commissaire de police va même jusqu'à prétendre que la victime, Christine Kergreis, l'a sans doute provoqué. Tous les moyens psychologiques sont employés pour tenter de faire craquer le suspect. Contre toute attente, Milivoj Milosavljevic avoue les deux meurtres et se lâche littéralement dans des aveux circonstanciés.

Milivoj donne, par la même occasion, des détails connus uniquement de l'auteur des crimes et non révélés à la presse. Aucun doute, il est bien le meurtrier. Pour Christine Kergreis, il parle d'une pulsion meurtrière à la suite d'un échange courtois avec la victime qu'il a interprété comme une incitation sexuelle. Pour Djajica Prgomet, c'est différent, la jeune femme était son ancienne maîtresse qui avait rompu avec lui. Il n'acceptait pas que cette dernière refuse ses avances. Lorsque l'annonce des aveux est dévoilée à la presse, un certain soulagement des habitantes du 10ème arrondissement se fait sentir. Toute la presse passe la nouvelle en première page, la télévision réalise même un sujet lors du transfert de Milivoj Milosavljevic vers la prison, pour son édition du journal télévisé de 20h00. L'équipe du commissaire Devos est autorisée à parler à la presse. La jeune commissaire Martine Monteil, présentée comme celle qui a fait craquer le tueur, « la Maigret en jupons », est projetée sur le devant de la scène.

Martine Monteil est fille et petite-fille de policier, diplômée de l'institut de criminologie, qui réussit petit à petit à faire sa place dans un métier qui, à l'époque, était surtout exercé par des hommes. L'Ecole Nationale Supérieure de Police (ENSP) n'a ouvert ses portes aux femmes qu'en 1975. Martine Monteil sera l'une des toutes premières diplômées à réussir le concours. Durant ses stages pratiques, elle a vu Françoise Sagan, de son vrai nom Françoise Quoirez, rendue célèbre grâce à son premier roman « Bonjour tristesse » à la brigade des stupéfiants.

Elle rencontre également à la brigade de répression du proxénétisme, « Madame Claude », de son vrai nom Fernande Grudet, une proxénète française à la tête d'un réseau de prostitution qui a pour clients des dignitaires de différents gouvernements, des diplomates et des hauts fonctionnaires. A la Brigade de Répression du Banditisme (BRB), elle verra Michel Ardouin, complice de Jacques Mesrine, surnommé le « Porte-avions » en raison de sa stature imposante, 1,87 mètre et 120 kilos, et de l'impressionnant arsenal d'armes de différents calibres qu'il portait en toutes occasions. A la Brigade Criminelle (BC ou « Crim »), quelques années plus tard, elle arrête Guy Georges, le tueur de l'est parisien. Martine Monteil se raconte notamment dans un ouvrage « Flic tout simplement » aux éditions Michel Lafon, en 2016.

Milivoj Milosavljevic est sans emploi, même s'il travaille souvent « au black » pour rendre divers services comme des travaux de peinture. Il s'est marié, avant de divorcer, et a eu un enfant avec sa femme. Milivoj aime la gent féminine. D'ailleurs son ex-femme se plaint de son fort appétit sexuel qui engendre des disputes assez conséquentes et parfois violentes. C'est la première raison de leur séparation. Milivoj est parti de Yougoslavie après qu'il a été condamné pour de multiples participations dans des affaires de violences, attaques et d'autres de proxénétisme. Dès son plus jeune âge, il est frappé par son père au sein d'une famille modeste. Milivoj Milosavljevic a également fait deux ans de prison en Yougoslavie, pour viol sur sa petite amie de l'époque.

Le 6 décembre 1977, le juge Claude Hanoteau procède à une reconstitution du crime de Christine Kergreis, en présence de l'avocat de l'accusé maître Jean-Marie Meffre. Milivoj Milosavljevic sortant du fourgon de police, accompagné par des gardiens de la paix doit se frayer un passage parmi la foule qui crie « À mort ! » et la presse omni présente qui a eu vent de la tenue d'une reconstitution. Jamais auparavant l'avocat, maître Jean-Marie Meffre, n'avait assisté à un tel déferlement de haine envers un accusé. Milivoj Milosavljevic participe activement à la reconstitution et à la suivante pour le meurtre de son ancienne maîtresse Djajica Prgomet, tout en essayant de minimiser son acte accompli sans préméditation.

Le 8 octobre 1980, s'ouvre le procès de Milivoj Milosavljevic devant la cour d'assises de Paris. Sont présents dans la salle les parents de Christine Kergreis ainsi que la sœur aînée de Djajica Prgomet. La jeune Yougoslave laisse deux enfants qui avaient 2 et 10 ans au moment de la mort de leur mère. L'accusé est reconnu coupable de deux viols et deux meurtres accompagnés d'un incendie volontaire. Il est passible de la peine de mort. A la fin de cette année 1980, la campagne présidentielle de 1981 est déjà bien entamée, le débat de l'abolition du châtiment suprême est débattu autour de plusieurs ténors du barreau dont Robert Badinter.

Le climat est très lourd, l'atmosphère à couper au couteau. Les parents de Christine Kergreis, surtout le père, n'arrêtent pas de regarder l'accusé Milosavljevic. Ce dernier ne croisera jamais le regard du père, souvent la tête baissée. Il ne la lève que pour répondre aux questions posées par la cour. Milivoj Milosavljevic n'arrive pas à expliquer pourquoi il tue, il pense que cela peut être dû aux sévices qu'il supportait enfant. Son père était violent, il l'attachait souvent sur une chaîne avec toute sorte de liens, dès l'âge de 5 ans. Quant à sa mère, elle avait de nombreuses relations avec d'autres hommes, parfois en sa présence.

L'avocat général se livre dans un réquisitoire différent de ce que les familles des victimes attendaient. Il ne réclame pas la mort, pensant que le jury lui accordera des circonstances atténuantes. L'avocat général s'oriente plutôt vers une punition plus forte aux yeux de Milivoj Milosavljevic, la prison à perpétuité, une condamnation longue et sans femmes. Il se tourne vers les parents de Christine Kergreis, les assurant que la peine de mort, s'il l'avait demandée, ne les aurait pas pour autant soulagés de leur peine. De son côté, maître Jean-Marie Meffre, l'avocat de Milivoj Milosavljevic va tenter de faire valoir ces fameuses circonstances atténuantes qui disparaissent du code pénal à l'occasion de la réforme de 1992, mais restent prises en considération avec le principe d'individualisation des peines.

Le jury se retire pour délibérer. La condamnation qui en sort le 11 octobre 1980, après seulement trois jours d'audience, est conforme aux réquisitions de l'avocat général : la prison à perpétuité pour les viols et les meurtres des deux victimes Christine Kergreis et Djajica Prgomet. Milivoj Milosavljevic échappe à la peine de mort alors que 15 jours plus tard, un certain Philippe Maurice sera condamné à mort pour le meurtre d'un policier avant d'être le premier gracié par le nouveau président François Mitterrand fraîchement élu. Milivoj Milosavljevic, après 45 ans de détention, décède en prison le 14 mars 2022, il avait 71 ans...

1977 - Pierre CONTY, Stéphane VIAUX-PECCATE & Jean-Philippe MOUILLOT

Nous sommes le 24 août 1977. Une patrouille de gendarmerie composée de Henri Klinz et d'une jeune recrue, Dany Luczak, procèdent à des rondes et divers contrôles à proximité de Saint-André-Lachamp, une commune située dans le département de l'Ardèche. Il est 17h45 lorsqu'une voiture de marque Citroën DS arrive à vive allure et stoppe devant l'estafette de gendarmerie.

L'homme qui conduit le véhicule sort, armé d'un pistolet-mitrailleur. Sans dire un mot, il tire une première rafale qui atteint Dany Luczak resté dans l'estafette. L'action est si soudaine qu'elle surprend les gendarmes. Henri Klinz est occupé à surveiller le passager qui sort de la voiture avec une arme à la main. Pendant ce temps, le gendarme avait aussi sorti l'arme de son étui près à riposter en cas de besoin. C'est à ce moment que le premier tireur à la mitraillette, derrière Henri Klinz, lui demande de ne pas bouger. Au moment de tirer, le pistolet-mitrailleur s'enraye.

La 7ème cartouche, dans la chambre de l'arme a explosé ce qui a empêché l'arme de fonctionner normalement. L'assassin demande à son collègue de tuer Henri Klinz. Ce dernier lui déclare : « Ne tire pas ! Je suis marié ! ». Le complice lui répond seulement : « Casse-toi ! ». Poursuivant le gendarme, ce dernier a la vie sauve car l'homme n'a pas envie pour sa part de devenir un tueur. Ce jour-là, tirant sans vraiment viser sur Henri Klinz, il a sans doute voulu donner le change au premier tireur qui a fait feu sur la jeune recrue, Dany Luczak.

Henri Klinz entend la DS redémarrer à vive allure et revient sur ses pas pour porter secours à son collègue dans l'estafette. Il prend le volant et se dirige vers la gendarmerie. En chemin, il demande par radio, l'assistance d'une ambulance. Henri Klinz fait une description des agresseurs, un brun avec le pistolet-mitrailleur et un grand blond. La DS prend la direction du nord de l'Ardèche vers Nièglès. C'est sur la route qu'un deuxième drame a lieu. Il est 18h30 lorsqu'au détour d'un virage, un agriculteur, Roland Malosse, accompagné d'un ami, Michel Veyrenc, arrivent à bord de sa voiture. Ils sont percutés par la DS. Au même moment, un autre véhicule arrive avec à son bord Cyprien Malosse, le père de Roland. Il stationne l'automobile. C'est alors que le chauffeur de la DS ouvre la porte du véhicule de Cyprien et lui tire quatre balles de revolver à bout portant.

Roland, le fils, qui entend les coups de feu, crie : « Laissez mon père tranquille ! ». Le grand brun se retourne et lui met deux balles dans la tête. Michel Veyrenc se baisse derrière une voiture et entend un nouveau coup de feu dans sa direction. Il se relève et court en zig-zag dans le virage, les nouveaux coups de feu passent à côté. Les deux tireurs abandonnent la DS et prennent la voiture de Cyprien Malosse, une Renault 12, en direction de la montagne. Là encore, la scène s'est déroulée avec une sauvagerie sans précédent, sans aucune parole ni sommation.

Les gendarmes commencent leurs investigations et font le rapprochement avec le braquage, commis à 17h00, dans une agence du Crédit agricole à Villefort, dans le département voisin de la Lozère, par trois personnes arrivées à bord d'une DS noire dont l'une est restée au volant, moteur tournant. Les deux autres malfaiteurs entrent dans la banque, masqués d'un foulard. Le premier est un grand blond, l'autre un brun de taille normale qui porte une mallette. Comble de malchance, le foulard tombe. Pour les deux hommes, ça ressemble de plus en plus à un braquage des « pieds nickelés ». Ils raflent ce qui se trouve dans le coffre, une somme bien dérisoire 52 000 francs (environ 8 000 euros). Les braqueurs prennent également des bons du trésor et quelques rouleaux de monnaie avant de s'enfuir. Des barrages sont posés et, rareté pour l'époque, deux hélicoptères partent en patrouille.

Après l'attaque des gendarmes et des deux hommes, quelques heures plus tard, l'alerte est donnée dans tout le département. La Renault 12 appartenant à Cyprien Malosse est retrouvée abandonnée à une centaine de kilomètres plus loin. Les meurtriers ont pris la fuite. Le procureur de la République n'apprend les faits que 24 heures après. Très remonté, il dira plus tard au gendarme Henri Klinz que la maréchaussée a « merdé ». L'endroit où le véhicule a été retrouvé n'a pas été protégé, le véhicule est resté sur place toute la nuit.

De colère, la gendarmerie est dessaisie au profit de la police judiciaire (PJ) de Montpellier. L'enquête commence avec un peu plus de sérieux. Le véhicule abandonné est fouillé. On y retrouve une paire de lunettes de soleil avec l'empreinte d'un petit doigt. L'empreinte matche au fichier : c'est celle de Pierre Conty qui a déjà eu affaire à la justice. Quelques années plus tôt, il a été arrêté et portait à la ceinture une arme de calibre 11.43 pour aller vendre des fromages à Grenoble, dans le Sud-Est de la France, dans le département de l'Isère et ancienne capitale du Dauphiné. Son arme a été confisquée, une fiche dactylographiée est enregistrée avec une prise des empreintes, centralisée à la police judiciaire. C'est ainsi que les policiers ont réussi l'identification. L'homme a la réputation d'être un éleveur de chèvres, ardéchois, soixante-huitard installé à Rochebesse, la direction prise par les malfaiteurs.

Pierre Conty a le profil type, une certaine dégaine, habillé le plus souvent d'un jean crasseux. Il n'a pas le profil du « hippie babacool » que l'on trouve à cette époque dans l'Ardèche. Arrivés sur place, les policiers font immédiatement une perquisition et trouvent dans une grange, un sac en toile contenant une importante somme d'argent et une carte d'identité au nom de Stéphane Viaux-Pecatte, un petit blond, un jeune homme issu d'une famille parisienne et champion d'Europe de boxe française. Pierre Conty et Stéphane Viaux-Pecatte sont passés par Rochebesse, mais n'y sont plus.

Les policiers ont identifié les deux hommes. C'est facile pour eux d'obtenir le troisième. Il s'agit de Jean-Philippe Mouillot. Ce dernier n'a pas commis d'acte grave dans sa participation au hold-up, il se rend à la gendarmerie le 2 février 1978 avant d'être transféré à la Police Judiciaire (PJ) de Montpellier. La communauté devient le cœur de l'enquête afin de connaître ses activités et savoir le pourquoi de ce braquage. Les différents membres sont unanimes, personne n'a vu les deux hommes Pierre Conty et Stéphane Viaux-Pecatte, il est impossible qu'ils soient responsables. Révoltés contre ce que représente les forces de police, personne n'a rien vu et personne n'a rien à dire. Pourtant ce sont bien les empreintes de Pierre Conty qui sont retrouvées sur une paire de lunettes de soleil.

Pierre Conty est une figure qui compte dans le mouvement « hippie » de la communauté. C'est un contestataire qui a introduit les idées du retour à la terre. Il s'installe très vite en 1967 à Antraigues-sur-Volane, une ancienne commune du département de l'Ardèche, devenue le 1er janvier 2019 une commune nouvelle de Vallées-d'Antraigues-Asperjoc, connue aussi pour être celle du chanteur Jean Ferrat. Conty se sent rapidement à l'étroit et décide de créer une communauté, celle de Rochebesse en 1969. Il est convaincu par l'ancien maire de s'approprier les lieux formés de maisons abandonnées et de terres à cultiver. Ce dernier est content que des jeunes viennent s'installer avec des enfants, ce qui va permettre de garder l'école et une certaine vie dans le village.

Petit à petit, le mouvement « hippie » découvre le lieu et 130 personnes vont s'installer à Rochebesse. Elles viennent toutes de milieux différents et veulent expérimenter la vie en communauté. Certains ont vendu tous leurs biens, refusant la notion de richesse et voulant repartir de zéro pour ne rien devoir à l'Etat, vivre en marge de cette société dont ils ne veulent plus. Pierre Conty est un grenoblois, un ouvrier spécialisé (OS). C'est un « prolo » (prolétaire, personne qui appartient à la couche la plus pauvre de la société, qui ne possède rien en propriété). Il est pratiquement le seul dans ce cas, les autres sont d'anciens bourgeois militant contre une société de profits et de propriétés.

Il y a des élevages de chèvres et de moutons, du jardinage : les membres travaillent sous la houlette de Pierre Conty qui mène la communauté d'une manière très autoritaire. Pierre a une autre passion, les femmes. Il vit avec sa copine Maïté, mais n'est pas contre le fait de s'approcher de belles femmes qui viennent de Lyon, Montpellier ou Grenoble pour rejoindre la communauté. Il faut dire que la plupart des femmes sont à l'intérieur, toujours toutes nues. La communauté se développe de plus en plus, rejointe par des anarchistes (Qui rejette toute autorité, toute règle) ou encore par des terroristes internationaux.

Les membres, peu attachés au principe de la propriété, se permettent de prendre le foin qui appartient aux autres cultivateurs, prennent même des tondeuses à moutons qui ne leur appartiennent pas. Les paysans font bien comprendre aux membres qu'ils n'ont pas peur. Marie-Ursule dit Manou, une amie de Pierre Conty, avoue qu'elle a participé à plusieurs braquages d'armureries, d'un convoyeur de fonds du crédit agricole. Passionnée par le tir, surtout pour sa précision, elle s'entraînait souvent à Rochebesse. Durant ces braquages, Manou déclare qu'elle n'a jamais blessé personne. Un jour, un homme se présente à Rochebesse. Il a hérité d'une maison. Quelle n'est pas sa surprise de constater qu'elle est habitée. Deux solutions proposées, acheter ou quitter les lieux. Pour Pierre Conty c'est hors de question.

En 1977, plusieurs communautés se rencontrent régulièrement. La mode s'est étendue aux éleveurs de chèvres et fromagers, aux opposants à toute sorte de guerre mais également au capitalisme dans ce qu'il a de son attachement à la propriété. Pourtant les leaders des autres communautés n'hésitent pas à dire que Pierre Conty est fou, trop engagé dans son combat et que cela finira mal. Marie-Ursule découvre une autre facette de son ami et n'hésite pas de le qualifier de schizophrène, trop engagé, persuadé que l'argent peut sauver la liberté qu'il s'est construite, terrifié qu'on le mette en prison.

Pierre Conty s'oppose aux paysans locaux, se bagarre avec des voisins, ne paie pas les baux de location, et ne rembourse pas ses emprunts. Il considère en effet que la terre appartient à celui qui la cultive. En juillet 1977, le magazine, « Le Nouvel Observateur » sort un article qui le décrit comme : « Pierrot, le meneur du collectif des jeunes paysans de l'Ardèche ». Il reconnaît s'être imposé avec violence mais soutient que c'est la société qui le lui impose. En difficulté et devenu dépressif, il plonge dans la délinquance. Un jugement du tribunal des baux ruraux de Tournon décide le 21 juin 1977 que les habitants de Rochebesse devront évacuer les lieux avant le 31 août 1977. L'épée de Damoclès est suspendue. C'est sans doute cette dernière menace qui va précipiter le braquage du Crédit Agricole et entraîner le barrage forcé des gendarmes où Dany Luczak, âgé de 21 ans, succombe à ses blessures, le 20 septembre 1977 à l'hôpital de Montpellier.

Même si le crime commis sur le gendarme peut s'expliquer par la fuite pour échapper aux forces de l'ordre, il n'en est pas de même pour le double meurtre de Cyprien Malosse et de son fils Roland. Cette fois, l'acte est totalement gratuit. La population ardéchoise, jusqu'à présent divisée entre les « babacool » et le capitalisme, cette fois ne pardonne pas. Les « hippies » de la Rochebesse se retrouvent sur la sellette. Petit à petit, ils avaient réussi à faire leur place sur les marchés en vendant leurs fromages et rendant quelques services. La haine a fait place à la confiance parmi les habitants, ils ne sont plus spécialement les bienvenus.

Pierre Conty, par ses actes, met dans l'embarras toutes les communautés. Pourtant, dans ce milieu rural, tout le monde sait où il se trouve mais personne ne parle. Ceux qui l'on approché ou éventuellement caché sont visés. Pierre Conty va rester deux ou trois jours dans une cachette de Rochebesse puis va partir parmi les presque 80 communautés qui représentent pour lui des points de chute, avant d'être exfiltré de l'Ardèche. Il part en Isère après une semaine, avant de rejoindre la

Suisse. Sa cavale ne s'arrête pas là, il rejoint l'Allemagne puis la Suède. Marie-Ursule dite Manou, lui rend visite à plusieurs reprises avec de l'argent donné par les différentes communautés, caché sur son corps. A Stockholm, la capitale de la Suède, située sur un vaste archipel de la mer Baltique, Pierre Conty est content de revoir son amie qui fut également l'une de ses maîtresses.

Quelques mois plus tard, Pierre Conty quitte la Suède et ne donne plus aucun signe de vie. Stéphane Viaux-Pecatte, après le hold-up, prend le train à Valence, une ville du département de la Drôme, en direction de Paris où il possède un studio. Stéphane vide son compte en banque et rejoint Marseille. Il prend ensuite l'avion en direction de l'Afrique noire, notamment au Mali. Il revient aux Pays-Bas, à Groningue, où il est arrêté le 21 octobre 1977, dans un vaste coup de filet de la police pour arrêter les membres de la « bande à Baader ».

Le 20 mai 1980, s'ouvre le procès des « tueurs de l'Ardèche » où manque Pierre Conty. Dans le box des accusés sont présents Stéphane Viaux-Pecatte et Jean-Philippe Mouillot. Ils risquent tout de même la peine de mort. Les deux hommes qui avaient quitté Paris pour élever des chèvres en Ardèche se retrouvent de nouveau habillés de beaux costumes, reprenant leur vie de petits bourgeois qu'ils avaient abandonnée. Leurs familles sont présentes, assez aisées. On note la présence de plusieurs avocats célèbres dont Robert Badinter qui sera le prochain garde des Sceaux sous la présidence de François Mitterrand, porteur de l'abolition de la peine de mort. Le procès débute avec l'examen de Pierre Conty qui est condamné immédiatement à la peine de mort par « contumace » (décision judiciaire prononcée par un juge à l'issue d'un procès, en l'absence de la personne jugée, remplacé par une procédure de « défaut criminel » en 1994 par la loi Perben II).

Stéphane Viaux-Pecatte et Jean-Philippe Mouillot assument leur amitié avec Pierre Conty, c'est le réseau des « pottos ». Pierre Conty a tiré et tué alors que Stéphane Viaux-Pecatte a tiré mais n'a pas tué. Il déclare d'ailleurs qu'il a tout fait pour ne pas tuer. Henri Klinz, le gendarme entendu comme témoin, vit mal le fait de ne pas être considéré comme une victime. Pour la gendarmerie, il fait office de « mouton noir ». On lui reproche de ne pas avoir protégé le gendarme Dany Luczak.

Si Henri Klinz avait été mort c'était parfait, situation nette et sans vague. Lorsqu'il entre dans la salle d'audience, c'est le « vilain petit canard. Quand il se retourne vers le public, pas un uniforme de la gendarmerie n'est présent pour le soutenir. Robert Badinter déclare à Henri Klinz qu'il a voulu jouer les « cowboys » pour arrêter les braqueurs de banque. À quoi le gendarme répond qu'ils n'étaient pas au courant du fait qu'un holdup avait eu lieu. En pleine campagne, la radio de l'estafette ne captait pas les messages des collègues de Lozère. La gendarmerie ardéchoise n'en a été avertie que des heures plus tard. Le nom de Henri Klinz est enfin réhabilité et les clients du box de nouveau considérés comme des coupables.

Le gendarme déclare aussi que Stéphane Viaux-Pecatte avait le temps matériel de le tuer, mais ne l'a pas fait. Cela lui vaut également des critiques du côté justice et gendarmerie. Henri Klinz redevient « le vilain petit canard », mais assure à la cour qu'il se devait de dire la vérité sur les faits. Jean-Philippe Mouillot sait qu'il va être condamné pour complicité, même si le véritable coupable est Pierre Conty, en fuite. Stéphane Viaux-Pecatte ne se fait pas d'illusion. Reconnu formellement par le gendarme Henri Klinz, même s'il n'a pas tué, il a participé aux trois assassinats. L'avocat général André Tour n'est pas tendre dans son réquisitoire. Et c'est ce qu'on attend de lui pour l'assassinat du jeune gendarme, Dany Luczak, il réclame la perpétuité à l'encontre de Viaux-Pecatte.

Le 22 mai 1980, à Privas, la cour d'assises de l'Ardèche prononce pour Jean-Michel Mouillot une condamnation à cinq ans d'emprisonnement. Pour Stéphane Viaux-Peccate c'est dix-huit ans de réclusion criminelle. Pierre Conty ne donnera plus jamais signe de vie. Pourtant les années 1980 représentent un tournant important dans la vie du groupe terroriste « Action Directe ». L'un des membres, Laurent Louessard, est arrêté le 26 septembre 1980. Lors de son interrogatoire il précise qu'il était venu en Ardèche au mois de décembre 1979 pour prendre possession de 400 kilos d'explosifs dans une communauté. Il en reste 1 250 kilos et il peut emmener les policiers sur place. La surprise est de taille lorsqu'il en révèle le nom, celui de la Rochebesse.

Les policiers débarquent sur place et trouve dans une cachette les 1 250 kilos d'explosifs, ce que les artificiers appellent de la « gomme », de l'explosif industriel. Plusieurs membres dont Maïté, Pierrot et Bebert sont arrêtés sur place. Ils avaient pris le relais de Pierre Conty. Le marquage des explosifs montre qu'ils proviennent d'un vol en 1975, à Veurey-Voroize, dans le département de l'Isère. A l'époque c'est Marie-Ursule, dite Manou, l'amie de Pierre Conty qui a servi de chauffeur pour ramener les presque deux tonnes d'explosifs.

C'est également Pierre Conty qui est responsable de l'attentat à l'explosif en 1972 contre le monument qui marque le lieu du crash d'un avion transportant des sommités du nucléaire à Mézilhac. Certains diront qu'il voulait ressembler à « la bande à Baader ». Conty se lance ensuite dans le trafic d'armes, ce qui explique sans doute la montée en puissance de ses actions violentes. Sa prochaine entreprise, selon les déclarations faites aux membres de la communauté, était de faire exploser une centrale nucléaire. Avec cette nouvelle descente de police, le village se trouve de nouveau pris dans le tourbillon de l'actualité. En 1981, Jean-Marc Rouillan membre d'action directe, est amnistié par le président de la République François Mitterrand. Il était le seul à qui des crimes de sang n'étaient pas reprochés. Il en est de même pour les membres de Rochebesse arrêtés. L'affaire n'a donc jamais été jugée.

En 1982, plus rien n'est fait pour retrouver Pierre Conty. L'affaire n'existe plus pour personne. Il faut préciser que les moyens de la police, à l'époque, étaient assez limités. Ses complices, Stéphane Viaux-Pecatte et Jean-Philippe Mouillot ont fini de purger leur peine et se sont réinsérés. Le 22 mai 2000, la peine capitale prononcée à l'encontre de Pierre Conty est prescrite, il ne donnera plus jamais signe de vie. La communauté de Rochebesse existe toujours…

Les grands criminels 10

1991 - Georges POUILLE

Nous sommes à Voreppe située en Isère, en région Auvergne-Rhône-Alpes. Son centre-ville se situe à 85 kilomètres du centre de Lyon et à 25 de Grenoble. Le 16 avril 1991, Sarah Syad, une petite fille âgée de 6 ans, disparaît de l'aire de jeux située dans le quartier populaire de Bourg-Vieux, allée des Fougères. C'est la fin du ramadan et, comme la tradition le permet, on va voir les gens que l'on apprécie pour fêter avec eux la fin du jeun diurne musulman.

Les parents de Sarah se sont absentés pour se rendre au chevet d'un membre de la famille proche, malade. C'est pour cette raison que la jeune fille se retrouve placée sous la surveillance de son grand-frère de 16 ans. A leur retour, les parents inquiets ne trouvent pas leur fille, ils organisent des recherches avec leur fils, sans succès. Ils décident de prévenir les services de gendarmerie qui mettent les moyens nécessaires pour retrouver la petite Sarah.

Les proches, voisins et habitants apportent une aide considérable pour retrouver l'enfant, fouillant chaque recoin autour des bâtiments. Dès le lendemain, des moyens supplémentaires sont apportés, fonctionnaires de la mairie, pompiers et gendarmes en renfort. Le 17 avril 1991, tôt le matin entre 08h00 et 08h30, la gendarmerie reçoit un appel. Le corps d'une enfant a été retrouvé au quartier Bourg-Vieux, dans un bosquet en lisière d'un petit chemin. Il s'agit bien du corps de Sarah Syad, à une centaine de mètres de son domicile. La petite fille est à moitié dévêtue, le chandail relevé, comme sa jupe, et à proximité la culotte de l'enfant. La piste sexuelle est rapidement envisagée, même si aucune trace visible n'est remarquée durant les premières constatations.

A côté du corps de Sarah est notée la présence d'un mouchoir souillé par des taches brunâtres. Il est prélevé et mis sous scellés avec d'autres éléments, comme un étui vide de mouchoirs en papier pouvant contenir une empreinte digitale. Toutes ces pièces sont envoyées à Institut de Recherche Criminelle de la Gendarmerie Nationale (IRCGN) de Paris. Les empreintes retrouvées sont analysées, tout comme les vêtements de la victime dont le chandail comporte une trace assimilée à du sperme, qui sont conservés en cas de besoin par l'instruction et placés à l'abri pour d'éventuelles autres recherches en fonction des progrès scientifiques qui pourraient être fait en matière criminelle. N'oublions pas qu'à l'époque, on ne parlait pas encore ou si peu d'empreintes génétiques.

Le lendemain, le médecin légiste procède à l'autopsie de Sarah. Il constate que la petite fille a été étranglée mais que les violences sexuelles ne sont pas établies. A Voreppe, c'est la consternation pour cette ville tranquille avec des quartiers qui ne posent pas le moindre problème. Les habitants cherchent à savoir, par tous les moyens, qui est l'auteur du crime. Les gendarmes essaient d'établir si la petite fille n'a pas été abordée par un inconnu ou si elle serait partie avec une personne adulte. Les témoins qui se manifestent se rappellent avoir vu Sarah dans l'aire de jeux, mais personne ne l'a vue partir avec un inconnu. On a l'impression que la jeune fille s'est littéralement volatilisée.

Quelques jours plus tard, l'IRCGN appelle pour prévenir qu'elle a trouvé sur le paquet de mouchoirs, une empreinte digitale partielle mais exploitable. L'hypothèse qu'une personne du quartier soit concernée est assez forte. En effet la petite Sarah a été retrouvée dans le quartier de Bourg-vieux, où elle résidait. Près de 600 empreintes digitales sont ainsi prélevées, dont le père et les frères de Sarah. Les enquêteurs tentent d'exploiter l'empreinte digitale recueillie sur la scène du crime, mais son propriétaire n'est pas fiché et ne peut pas être identifié. Malheureusement, 15 jours après un travail acharné, l'enquête en est au même point. La trace papillaire entrée dans le système rejoint le nombre de celles non identifiées qui sont présentes dans la base mais pourraient, un jour, être attribuées à une personne qui a été arrêtée, pour un motif quelconque, et signalisée. Il s'agit du seul élément matériel qui a pu être mis en évidence sur la scène du crime. Au fil des années, l'affaire tombe dans l'oubli, mais l'enquête continue toujours, espérant qu'un fait nouveau puisse apparaître.

Le 24 novembre 1996, cinq ans sont passés lorsqu'une autre petite fille est de nouveau enlevée à Voreppe. Saïda Berch âgée de 10 ans est sous la surveillance de ses frères et sœurs pendant que sa mère est partie au consulat à Grenoble. Elle a l'autorisation d'aller sur l'aire de jeux présente non loin du domicile. C'est lorsque sa mère rentre à 17h00 qu'elle s'inquiète de ne pas retrouver sa fille.

Avec des proches et des voisins, elle décide de partir à la recherche de Saïda, avant de prévenir les gendarmes. Il est alors 22h00. La mère qui sait très bien qu'il ne s'agit pas d'une fugue, vu l'âge de sa fille, imagine déjà le pire. Les enquêteurs de la gendarmerie sont suffisamment inquiets et une information judiciaire est ouverte dès le lendemain matin. Des recherches importantes sont faites à Voreppe, dans les environs et à la campagne. Les heures passent et aucune trace de Saïda n'est découverte. Il faut attendre le 26 novembre 1996, soit deux jours après la disparition, pour retrouver le corps de la petite Saïda Berch à plusieurs centaines de mètre de son domicile, en bordure d'un chemin de terre, dans un petit ruisseau de deux mètres de largeur. Pas beaucoup d'eau mais suffisamment pour immerger une personne.

Sur la scène de crime, plusieurs éléments sont prélevés, comme les vêtements de Saïda Berch. Mais comme le corps a séjourné dans l'eau les traces ADN sont difficilement exploitables. En 1996, la technologie génétique commence à donner des résultats encourageants mais reste une science à manier encore avec beaucoup de précautions. Les vêtements sont séchés et conservés dans du papier kraft pour permettre l'évacuation de l'humidité au fil des années.

L'autopsie est réalisée très rapidement. La cause de la mort par strangulation ne fait aucun doute. Une fois de plus, rien de prouve que la jeune Saïda a été victime de violences sexuelles. Contrairement au crime de Sarah Syad, cinq ans plus tôt, des témoins affirment que cette fois la jeune Saïda Berch a été aperçue en compagnie d'un jeune homme cycliste, du centre-ville de Voreppe jusqu'au petit ruisseau où elle a été retrouvée. La description qui est faite est concordante entre les témoins. Un jeune garçon ou jeune homme entre l'âge adolescent ou début adulte portant une casquette sur la tête. Les gendarmes prennent en photo plusieurs centaines de jeunes afin de les présenter aux différents témoins qui ont aperçu le jeune cycliste dans la région des plaines, sur le chemin entre le centre et le ruisseau. Malheureusement, personne ne reconnaît l'une des photographies. Les enquêteurs n'arrivent pas à mettre un nom sur l'agresseur potentiel. L'instruction aboutit à une ordonnance de non-lieu le 28 septembre 1999.

L'enquête s'arrête, les gendarmes sont conscients que tout ce qui a été possible, avec les moyens de l'époque, a été fait. Voreppe est une petite ville de 5 000 habitants, il est pratiquement sûr que l'auteur des deux meurtres, à cinq ans d'intervalle, est forcément un habitant. Ce qui fait « froid dans le dos ». Pourtant les questions continuent de hanter l'esprit des gendarmes qui se demandent sans cesse s'ils ont bien fait tout ce qu'il fallait et qui ne manquent pas à chaque occasion de ressortir les dossiers, pour d'éventuelles comparaisons avec de nouvelles agressions.

Les parents des victimes se tournent vers l'Aide aux Parents d'Enfants Victimes (APEV), une association créée en juin 1991 pour répondre au besoin éprouvé par les parents d'enfants assassinés ou disparus de se rencontrer, et ensemble de faire entendre la voix des victimes. L'association essaie de faire prendre conscience aux pouvoirs publics, aux enquêteurs et aux magistrats, des difficultés auxquelles les familles se trouvent confrontées pour ainsi améliorer les relations des parents avec le monde judiciaire. C'est Alain Boulay qui en est le créateur avec son épouse Marie-José, à la suite de l'enlèvement et l'assassinat en 1988 de leur fille Delphine par Gérard Lebourg, âgé de 29 ans au moment des faits. L'homme a été condamné le 20 mai 1992 à la réclusion criminelle à perpétuité pour l'enlèvement, le viol et l'assassinat de Delphine Boulay. Trois mots pour résumer ce qu'attendent les victimes de la Justice : écoute, compréhension et respect.

L'association a, parmi ses membres, une vingtaine de policiers ou gendarmes à la retraite qu'on appelle « les vétérans ». Ils épluchent les affaires qui ont été classées ou en panne, essaient de convaincre les enquêteurs et la justice de suivre des pistes peu ou non exploitées. Ces membres, un peu particuliers, formulent aussi des idées pour des propositions de lois, afin de faire évoluer la justice.

En 2008, une cellule de recherches est créée, « la cellule mineurs 38 », sous l'impulsion du procureur général de l'époque, madame Martine Valdès-Boulouque. Elle consiste à effectuer des rapprochements entre les enlèvements d'enfants autour de Grenoble et dans l'Isère, à cette période. C'est une première en France, une nouvelle manière de travailler. Le plus important c'est surtout de faire passer un message fort auprès des familles pour dire que la justice n'a pas l'intention de baisser les bras et continue de tout faire pour rechercher les auteurs. Un véritable travail de fourmi, des milliers de dossiers et de cartons sont à exploiter. Pour les deux affaires, Sarah Syad et Saïda Berch, toutes les personnes interrogées au moment des faits sont de nouveau convoquées. Mais aucun élément nouveau n'apparaît. Les gendarmes sont toujours dans l'impasse mais ne baissent pas les bras.

En 2013, la juge d'instruction, Catherine Léger, décide de faire ressortir les scellés pour les affaires Sarah Syad et Saïda Berch afin de les envoyer dans un laboratoire de Bordeaux, dans le but de procéder à de nouvelles analyses, profitant de nouvelles technologies. C'est une chance que ces derniers ont été conservés dans des conditions optimum. Pour Saïda, les vêtements sont envoyés dans ce laboratoire d'analyses, notamment le t-shirt qui a servi à l'étrangler. C'est un laboratoire, à l'époque, qui est à la pointe des recherches génétiques pour l'ADN, sans doute l'une des dernières chances de pouvoir progresser dans l'affaire. Le travail consiste à isoler chaque ADN présent pour tenter d'en identifier un auteur. Sur l'une des manches, une empreinte génétique partielle masculine est découverte et peut figurer au fichier afin d'être comparée à celles déjà enregistrées.

Les grands criminels 10

Une empreinte génétique correspondant avec celle prélevée et présente dans la base de données, est celle d'un certain Georges Pouille. Son empreinte figure au fichier depuis 2006 pour conduite sous l'emprise de stupéfiants. Dans l'affaire Sarah Syad, l'empreinte digitale partielle retrouvée sur un paquet de mouchoirs est envoyée à un nouveau laboratoire spécialisé dans la reconstruction et l'identification digitale. Une fois le travail effectué, l'empreinte est comparée à celle de Georges Pouille. Ça « matche » une seconde fois. La juge d'instruction décide, pour en avoir le cœur net, d'envoyer le chandail de Sarah Syad, porteur d'une trace de sperme, en analyse ADN. Les résultats sont sans appel, c'est l'empreinte génétique de Georges Pouille qui sort à nouveau. Le même meurtrier pour les deux affaires.

Georges Pouille a 38 ans, il est papa d'un enfant et a une compagne. Il semble intégré dans la société. Il a vécu pendant longtemps avec ses parents à moins d'un kilomètre de l'endroit où les petites filles ont été assassinées. Pour les gendarmes, cela regroupe bien leur première intuition : l'auteur habitait à Voreppe ou à proximité. Vingt-deux ans après les faits, ce sont deux crimes qui se trouvent élucidés, les gendarmes ont tenu bon, les parents des victimes y ont toujours cru : un véritable soulagement de pouvoir mettre enfin un nom sur l'assassin de leurs enfants.

Une incompréhension toutefois subsiste. Comment cet homme a-t-il pu échapper aux enquêtes, à l'époque ? Pourtant, au même titre que d'autres centaines de jeunes, Georges Pouille a été entendu. Pour le meurtre de Saïda Berch, il avait fourni un alibi aux moments des faits : il se trouvait avec son frère. Il avait également été pris en photo et personne ne l'avait reconnu. Inconnu des services, avec un casier judiciaire vierge, les gendarmes n'avaient donc aucune raison de le soupçonner plus que les autres. La nouvelle épreuve va consister à essayer d'obtenir des aveux et surtout de savoir pour quelle raison, Georges Pouille s'en serait pris aux deux jeunes filles.

Le 23 juillet 2013, au petit matin, il est décidé de procéder à l'interpellation de Georges Pouille. Il a été décidé de faire deux dossiers distincts, celui de 1991 et celui de 1996 qui devront être traités différemment vu l'âge du suspect aux moments des faits. Georges Pouille est placé en garde à vue dans le cadre du meurtre et de la tentative de viol de Sarah Syad. Il a une apparence chétive, très fin et atteint de la maladie de Steinert. C'est l'une des maladies neuromusculaires les plus fréquentes. Les symptômes peuvent apparaitre à tous les âges de la vie. Classiquement, les premiers signes d'une atteinte musculaire apparaissent à l'âge adulte (raideur musculaire, difficultés à marcher, fatigue grandissante…).

Les grands criminels 10

Georges Pouille se présente comme un homme diminué physiquement mais pas mentalement. La garde à vue se passe bien, il répond aux questions posées. Les gendarmes commencent par cerner le personnage. Georges Pouille a bénéficié d'une scolarité moyenne avec des lieux adaptés aux enfants présentant des difficultés. Malgré la réussite à de nombreuses formations, il ne réussit pas à travailler dans des structures « classiques ». Pendant les interrogatoires, il reconnaît avoir été présent sur les lieux mais nie être responsable de la mort des deux petites filles. En ce qui concerne les analyses digitales et génétiques, il ne peut s'agir que d'un coup monté. Georges Pouille est persuadé que la justice et les gendarmes veulent absolument condamner un innocent.

Les enquêteurs changent de procédé en montrant cette fois les photographies des endroits où les empreintes ont été retrouvées. Puis, la photo de la victime pour le mettre face à la situation décrite. Devant les éléments présentés différemment, Georges avoue avoir rencontré la victime Sarah Syad. Il l'a convaincue de le suivre dans les bois. Pour une raison inexpliquée, il a poussé la fillette au sol qui a fait une mauvaise chute. George Pouille se masturbe sur elle. Ayant terminé, il prend le pouls de Sarah et constate qu'elle est décédée, il décide alors de rentrer chez lui en laissant le corps. Il avoue sans avouer, parlant d'une force diabolique qui l'aurait poussé à commettre un fait qu'il ne peut expliquer.

Les grands criminels 10

Au fil de la garde à vue, les gendarmes découvrent, qu'à une période, Georges Pouille a fait garder son enfant par la mère de Sarah Syad. On a beaucoup de mal à imaginer la réaction de la mère si elle avait su qu'elle gardait l'enfant du meurtrier de sa fille durant plusieurs mois. Même pour Georges Pouille, oser confier son enfant à la mère d'une fillette que l'on a tuée, est-ce de la perversité ou une torture supplémentaire voulue par le meurtrier ? Difficile de savoir. Les gendarmes n'auront aucune explication, le meurtrier apparemment incapable d'en fournir une. Il n'est même pas sûr qu'il ait fait, des années après, le rapprochement.

Les enquêteurs embrayent sur une nouvelle garde à vue, cette fois sur le meurtre de Saïda Berch en 1996. Georges Pouille était alors âgé de 21 ans. Il explique avoir fait faire du vélo à Saïda qui l'a sollicité. Sur le point de repartir, la fillette l'a poursuivi et harcelé pour faire de nouveaux tours, ce qui l'a profondément énervé. Pour que cela s'arrête, Georges Pouille porte des coups à la fillette. Il explique ensuite que sa victime au sol, il se saisit d'un sweat et place le vêtement autour du coup de Saïda en serrant très fort. Il est persuadé qu'il n'a pas serré au point de la tuer, et que sa victime était encore vivante au moment où il est parti.

On s'aperçoit également que Georges Pouille était un ancien voisin de Sarah Syad et un ami de la famille de Saïda Berch. Après la mort de Sarah, il est même sorti plusieurs fois en boite de nuit avec les frères de Saïda et Sarah. Les familles, au courant des dernières découvertes, se rappellent le jeune homme et subissent cela comme une trahison difficile et douloureuse. A la suite de la première garde à vue, Georges Pouille est mis en examen pour l'assassinat et la tentative de viol de Sarah Syad. Il est également mis en examen au terme de la seconde garde à vue pour meurtre sur mineure de moins de 15 ans, dans le dossier de Saïda Berch. Georges Pouille est incarcéré à la maison d'arrêt de Lyon-Corbas qui peut accueillir 690 détenus dans une surface totale de 45 000 m². Elle a remplacé les trois établissements de Lyon intra-muros considérés comme vétustes (la prison Montluc et les prisons Saint-Paul et Saint-Joseph) en 2009. Ce centre dispose d'un secteur médical au vu de la pathologie de l'accusé.

Les gendarmes sont conscients que Georges Pouille a commis son premier meurtre à 15 ans et son second à 21 ans. Il faut désormais vérifier qu'il n'a pas commis d'autres méfaits. Après 1996, sa maladie étant présente, il est fort probable que ses capacités physiques l'en ont empêché. Toutefois, malgré les recherches pour la période en 1991 et 1996, aucun autre fait n'a pu lui être imputé. Georges Pouille va donc être jugé deux fois, une première pour le meurtre de Sarah Syad en 1991 où, âgé de 15 ans, il était mineur et doit donc comparaitre devant le tribunal pour enfants. Et une seconde fois pour le meurtre de Saïda Berch où, âgé de 21 ans, il était majeur et doit comparaitre devant une cour d'assises. Même si les faits sont en partie semblables, c'est l'âge du suspect désormais mis en examen qui va provoquer ces deux procès distincts. Les peines encourues au terme des deux jugements sont naturellement différentes, l'excuse de minorité plaidant en sa faveur.

Le 9 mars 2016, 20 ans après les faits, s'ouvre le procès pour meurtre de Saïda Berch devant la cour d'assises de l'Isère à Grenoble. Pour la famille, le plus important est d'obtenir un aveu de culpabilité. Georges Pouille se présente considérablement affaibli, la maladie de Steinert s'est de plus en plus développée, ses mains et pieds sont recroquevillés, il a de nombreuses difficultés à s'exprimer. Malgré les preuves accablantes, Georges Pouille n'est pas prêt à collaborer avec la justice et avouer les faits. Il reste sur les propos tenus à l'instruction où il déclare avoir subi des pressions durant sa garde à vue.

Maria, la mère de Georges Pouille, âgée de 60 ans, arrive pour témoigner à la barre. Elle avoue pour la première fois à la cour et à son fils qu'il est le résultat d'un viol subi dans sa jeunesse, dont l'auteur n'a jamais été identifié. A l'origine, Maria ne souhaitait pas le garder, puis le délai d'avortement est passé, sa décision a évolué. Durant son enfance, sa mère avoue qu'il a été malmené par rapport à ses frères, mal nourri et que plusieurs fois il a dormi dans la niche du chien. Elle en profite pour s'excuser vis-à-vis de son fils de lui avoir fait payer une situation où il n'était que la victime. Les experts déclarent que Georges Pouille a une altération légère du discernement, due notamment au manque de développement de ses capacités intellectuelles. Toutefois, les experts déclarent Georges Pouille accessible à une condamnation même si sa maladie doit être prise en considération.

Un peu plus tôt, le frère de la victime, Badice Berch, âgé de 42 ans, raconte sa vie « détruite » et cette angoisse de la suspicion régnant au sein de la fratrie depuis le meurtre de sa petite sœur, pour lequel lui et deux de ses frères ont été suspectés : « Georges Pouille a semé le chaos au sein de notre famille » a-t-il lancé à la barre. L'avocate de la famille Berch, Me Marie-Christine Hatermann de Cicco, a aussi décrit les sentiments de culpabilité que ressentent les frères et sœurs, « la peur incessante » et le traumatisme des plus jeunes qui ont passé des vacances ou des soirées avec le meurtrier. Elle a enfin parlé de la mère, Akila Berch, qui « n'a plus de vie » et attend inlassablement le retour de sa fille, derrière sa fenêtre, en pleurant en silence et remuant la cuillère dans son café. Le 11 mars 2016, Georges Pouille est reconnu coupable et condamné à trente ans de réclusion.

Le 12 mai 2016, à Grenoble, Georges Pouille comparait cette fois devant le tribunal pour enfants, à huis clos, pour l'assassinat de Sarah Syad. Mineur au moment des faits, la peine maximale encourue est de 15 ans de réclusion. Son attitude n'a pas changé par rapport au premier procès. Le lendemain, 13 mai 2016, le procès est suspendu, en raison d'un malaise de Maître Léon Lef Forster, avocat des parties civiles, qui a été hospitalisé à Grenoble. Les plaidoiries et les réquisitions sont donc reportées.

L'accusé a changé plusieurs fois de versions depuis son arrestation en juillet 2013, date à laquelle il a été confondu par de nouvelles analyses ADN. Pour la famille, aucune peine ne peut ramener la victime. Elle est meurtrie dans son âme de savoir qu'il s'agissait d'un homme qu'elle connaissait. Le lourd chapitre de 25 ans d'attente se tourne enfin, avec le regret de ne pas avoir obtenu d'aveux. Maître Léon Lef Forster, l'avocat de la partie civile, a juste ajouté : « J'espère pour lui qu'il sera un jour en mesure de regretter ses actes… ». Georges Pouille est condamné le 12 juillet 2016 à 13 ans de réclusion criminelle. Depuis 2022, il formule le souhait de demander une remise en liberté pour raison de santé…

Les grands criminels 10

1991 - Michel GUIBAL

Nous sommes à Perpignan, au sud de la France, dans le département des Pyrénées-Orientales. C'est une ancienne capitale continentale du royaume de Majorque de 1659 jusqu'en 1790 et qui recouvrait les trois vigueries du Roussillon.

Le 18 mars 1991, il est un peu plus de 18h00 à la résidence « Amélie », madame Anne-Marie Roudil vient de terminer ses courses. Pour entrer dans son appartement, elle emprunte l'ascenseur mais, au moment où les portes s'ouvrent, la jeune femme reçoit un jet d'essence. La personne responsable de cet acte met ensuite le feu. Prise littéralement par les flammes, Anne-Marie Roudil hurle, son fils Jean-Philippe âgé de 12 ans, qui s'occupait à faire ses devoirs, est alerté. Il ouvre la porte donnant sur le palier et voit sa mère en train de brûler. Paniqué, le jeune homme crie essaie de jeter un peu d'eau. Jean-Philippe se saisit alors du tapis de l'entrée et tapote les flammes en essayant d'étouffer le feu.

La petite sœur âgée de 8 ans est juste derrière. Quelques minutes après, d'autres voisins sont venus aider. Malheureusement, il était déjà trop tard. Au moment même de l'agression, au rez-de-chaussée, une patiente du gynécologue qui exerce dans l'immeuble, essaie d'entrer dans le bâtiment. Elle se retrouve face à un individu dans le hall qui lui fait comprendre qu'il n'arrive pas à ouvrir la porte. Au même moment, le docteur Roudil arrive, ouvre la porte, l'individu sort tranquillement. Alerté par les cris, il demande à la patiente qui lui dit que cela fait plusieurs minutes que les cris se font entendre. Le médecin, pris de panique, pense à sa femme et ses enfants.

Il ne peut pas prendre l'ascenseur qui est bloqué et monte quatre à quatre les escaliers pour atteindre le troisième étage. Il se trouve face à son épouse qui est encore en flammes. Une voisine essaie de parler à la victime, tandis que Gérard Roudil est pétrifié. Il reconnaît sa femme dont le visage méconnaissable a brûlé. Anne-Marie peut encore parler et demande si elle va mourir, mais son mari ne répond pas. Elle demande dans un soupir de s'occuper de leurs enfants. Le Service d'Aide Médicale Urgence (SAMU) emmène la victime. Un espoir pour les enfants est encore possible. Anne-Marie Roudil décède à 21h00, après une longue agonie.

Anne-Marie Roudil était âgée de 42 ans. Pour la famille, le deuil fait place à la haine. Toute la ville de Perpignan est en émoi. Une psychose s'installe sur la présence d'un fou qui attaque les femmes. Toutes se sentent en danger, sachant que l'agression s'est déroulée dans un quartier huppé de la ville et qu'elle a frappé une famille réputée sans histoire au sein de laquelle le père est gynécologue.
Sur les lieux, l'ascenseur ne fonctionne plus, le palier du troisième étage et totalement carbonisé ce qui laisse penser à un incendie très violent. Les policiers qui font les premières constatations vont découvrir une flasque de whisky et un couvercle de pot de peinture qui ne peuvent sans doute appartenir qu'à l'assassin.

L'agent de la Police Technique et Scientifique (PTS) procède aux relevés d'empreintes sur la flasque. Le résultat net semble exploitable mais le prélèvement est inconnu au fichier. L'empreinte est versée au dossier. La patiente qui a croisé un homme au rez-de-chaussée parle d'un individu légèrement chauve d'une quarantaine d'années, un regard bleu glacial dont la description correspond au visage aperçu par le fils de la victime qui l'a vu quelques instants. Il parle d'un homme dans la pénombre avec des yeux très bleus, glaçants, qui ne parlait pas. Il ne connaît pas cet homme. Le jeune garçon est très perturbé. Jean-Philippe Roudil ressent une grande culpabilité, pensant qu'il aurait pu mieux faire pour sa maman. Mais difficile à 12 ans d'avoir les réflexes qu'on a parfois à l'âge adulte. Après quatre jours, l'enquête supervisée par le procureur de la République est au point mort. Une information judiciaire pour assassinat contre « X » est ouverte et confiée à la juge d'instruction, Danielle Braud, qui reprend les éléments avec une méthode bien à elle.

L'acte semble prémédité et préparé sur une victime bien précise, il y a donc un mobile. Gérard Roudil est interrogé et fait figure de premier suspect car il arrive au moment où sa femme se fait agresser. L'enquête de proximité parle d'une vraie famille, unie, sans la moindre histoire. Disculpé, Gérard Roudil ne comprend pas et ne voit personne susceptible de commettre un tel acte, ni dans son entourage, ni parmi ses patients. Les enquêteurs se rendent à l'hôpital pour savoir si une erreur médicale n'a pas été commise par le médecin qui aurait pu susciter une vengeance, mais rien. Les dossiers sont fouillés et analysés, rien ne sort, l'activité professionnelle du gynécologue semble sans histoire.

Anne-Marie Roudil était une jolie brune de 42 ans, née à Béziers, dans le département de l'Hérault. Elle a fait des études, est très catholique et pratiquante. Une femme agréable et rangée qui avait de la sympathie pour tout le monde. Une mère de famille à laquelle on voudrait tous ressembler. Elle montrait une joie de vivre très forte, riant et racontant des blagues, très occupée à trouver continuellement des idées de sorties pour ses enfants. Elle représentait tout leur univers, autour d'un mari aimant.

La patiente arrivée en même temps que le docteur Roudil est interrogée par la magistrate qui lui demande de refaire chaque geste effectué ce jour-là, comme entourer madame Roudil avec son imperméable. D'un coup la patiente s'écrie : « Le sac ! ». Tournant la tête dans l'entrée elle déclare la présence d'un sac orange et précise qu'il contenait une flasque de whisky et un couvercle de pot de peinture. Les enquêteurs confirment la présence d'un sac orange plastique portant la mention d'une enseigne de vêtements professionnels « Vet ». Sur le bas du sac, écrit au stylo « Guibal doit 132 francs (environ 20 euros).

Les policiers se rendent à Montpellier, au siège de la société « Vet », pour en savoir un peu plus sur ce fameux Guibal. La comptabilité de l'établissement retrouve le chèque de 132 francs émis par un certain Michel Guibal. Lorsque ce dernier apprend qu'on le recherche il se livre directement au commissariat avec son épouse, une femme qui semble mener les affaires du ménage. Tandis que l'homme est placé en garde à vue pour interrogatoire, son épouse attend dans le couloir. L'homme n'est pas très bavard, un regard froid. Il déclare ne pas connaître Anne-Marie Roudil. Pour le 13 mars 1991, jour de l'agression, il précise qu'il était dans son entreprise de bâtiment de Montpellier et qu'il aidait ses collègues de travail. Trois personnes vont confirmer son alibi.

Les policiers décident de le présenter aux témoins à travers une glace sans tain. La patiente ne le reconnaît pas formellement. Jean-Philippe Roudil est accroché à son visage mais n'est pas plus affirmatif. Les policiers décident de ne pas trop l'ennuyer. Les empreintes prélevées de Michel Guibal sont comparées et « matchent » avec celles retrouvées sur la flasque de Whisky. La seule explication de Guibal est qu'on lui a volé le sac orange contenant la flasque, il y a quelques semaines, alors qu'il faisait des courses dans un supermarché. Sa voiture a été fracturée. C'est pour cette raison que l'objet s'est retrouvé à Perpignan sur le lieu de l'agression. Il déclare ne pas avoir porté plainte car le délit lui semblait mineur.

Les policiers et la juge d'instruction sont sceptiques. Comment expliquer que la flasque se soit baladée de Montpellier à Perpignan avec aucune empreinte du voleur ? Le lien entre Michel Guibal et Anne-Marie Roudil n'a pas non plus été établi. C'est alors qu'un fonctionnaire de police déclare qu'aucune photo de la victime a été présentée à Guibal. On corrige immédiatement cet oubli et cette fois, Michel Guibal déclare la reconnaître mais sous le nom de Anne-Marie Delcan, son nom de jeune fille.

Les grands criminels 10

L'homme déclare qu'il l'a rencontrée il y a 17 ans, pendant un stage photo à Béziers. Ils ont eu à l'époque une idylle mais qui n'a débouché sur aucune suite. Michel déclare que, depuis cette date, il ne l'a jamais revue et qu'il ne sait même pas où elle habite à Perpignan. Michel Guibal, malgré ses empreintes et la connaissance avec la victime, maintient son innocence dans les faits.

La juge d'instruction émet donc l'hypothèse que madame Guibal connaît la victime ou en a déjà entendu parler. Madame Guibal déclare que son mari est impuissant, que c'est un « bon à rien » et qu'elle avait des besoins sexuels très importants. Un soir de décembre elle avait même chassé son mari avec son fils qui se sont réfugiés dans la voiture pendant qu'elle avait une relation avec un autre homme. L'un des enquêteurs, choqué par de tels propos, sort de la salle d'interrogatoire pour respirer un peu au dehors. Elle demande à parler à son mari seul à seul pour tenter de le faire parler. Après dix minutes, les policiers apprennent que Michel Guibal est prêt à parler et avoue.

Michel déclare que le jour de l'agression il est rentré au domicile un peu plus tard en déclarant à son épouse : « Ça y est, j'ai brûlé cette saloperie ! ». Sa femme déclare pour sa part que son mari n'est pas responsable, ce sont des voyants qui l'ont poussé à commettre cet acte. Madame Guibal déballe toute sa vie, même les aspects les plus intimes, choquant par moment la juge d'instruction. Pourtant cette femme aime son mari, ils consultent ensemble plusieurs médecins pour cette impuissance, mais la médecine ne fait rien. C'est alors que le couple, poussé par madame Guibal, se rend à des consultations de voyance. La première voyante lui déclare qu'il est victime d'un mauvais sort.

Michel Guibal pour les besoins des séances apporte des photos de ses ex-petites amies. La voyante montre la photo d'Anne-Marie Roudil en déclarant : « C'est elle ! Elle vous a jeté un sort en enveloppant un pigeon mort dans un foulard bleu que vous lui avez offert, et l'a enterré dans le cimetière de Béziers. ». Pendant quelques nuits, Michel va creuser dans le cimetière avec une petite pioche où il ne trouve rien. Le couple consulte un magnétiseur qui entre en transes en voyant la même photo et déclare que c'est une femme très pieuse dont le mari exerce un métier en blouse blanche. Il s'agit de Anne-Marie Roudil qui exerce le métier de professeur des écoles et de son mari Gérard, gynécologue.

Tous les traitements les plus farfelus sont proposés, comme faire sept fois le tour de l'église à l'envers, jeter dans la mer une préparation faite par le magnétiseur, etc. Une troisième voyante identifie également Anne-Marie Roudil comme étant la personne qui a jeté le sort. Le jour des faits, Michel Guibal déclare que sa femme l'a menacé de le quitter. Il voit rouge et décide de passer à l'acte. Il arrive tôt le matin à Perpignan et s'assure que

Anne-Marie est là en la voyant par sa fenêtre. Il attend patiemment qu'Anne-Marie sorte pour faire quelques courses. Il est 18h30 lorsqu'elle rentre de ses commissions. C'est le moment ou jamais d'accomplir son méfait.

Michel Guibal entre dans l'immeuble, emprunte les escaliers pendant qu'Anne-Marie monte dans l'ascenseur. Au troisième étage la porte s'ouvre, Michel et Anne-Marie se trouvent face à face lorsque Guibal l'asperge d'essence. Avec un briquet il immole la jeune femme. Les enquêteurs se demandent comment le couple a trouvé l'adresse. C'est la mère d'Anne-Marie qui se souvient avoir reçu un appel téléphonique d'une ancienne copine d'école qui cherchait à la revoir. La mère lui a communiqué son nom d'épouse et la profession de son gendre. Grâce à ces éléments, il était facile de retrouver l'adresse.

L'expert psychiatre, Jean-Pierre Pécastaing, émet l'hypothèse que Michel Guibal, jaloux de ce couple qui fonctionnait bien, a voulu punir son ex-flirt d'avoir réussi là où lui a échoué. Il déclare même aux policiers : « Ce n'est pas normal qu'elle soit heureuse et pas moi, il faut que je la punisse aussi ! ». Michel Guibal n'exprime pas le moindre remord, ni le moindre regret. Persuadé que la jeune femme lui a jeté un sort, il croit que c'est Anne-Marie la méchante. Sinon il ne l'aurait jamais immolée. Durant ses séances avec Jean-Pierre Pécastaing, Michel se montre très courtois et répond à toutes les questions qui lui sont posées. Il s'exprime sur un ton monocorde qui laisse penser qu'il raconte une histoire et ne se trouve pas directement concerné par les faits. Issu d'une petite bourgeoisie de Montpellier, il parle très peu de son père, élevé dans un milieu de femmes très autoritaires ce qui lui cause une timidité tout au long de sa vie.

Michel Guibal déclare que c'est surtout sa femme qui l'a choisi et que, très tôt, il s'est retrouvé confronté à une sexualité importante réclamée par son épouse à laquelle il n'a pas réussi à faire face. Le couple avait une conception opposée de l'amour. Les pannes sexuelles ont commencé à apparaître et deviennent une véritable obsession pour lui. Michel essaie de démontrer qu'il n'est pas spécialement responsable des faits, mais qu'il a été influencé par son épouse et les voyants pour commettre un tel acte. Guibal parle même d'un envoutement. Le psychiatre n'adhère pas à cette excuse, car lorsqu'une personne est envoutée, elle le dit rarement.

Michel Guibal déclare à plusieurs reprises ne pas avoir voulu tuer Anne-Marie Roudil, mais voulait qu'elle souffre comme lui. Pourtant dans ses déclarations, et c'est ce qui va le perdre, il avoue avoir fait plusieurs essais dans la grange d'une ferme qui appartient à sa famille dans la région de Montpellier, pour savoir quelle quantité d'essence était nécessaire pour arriver à ses fins : « Je me suis entraîné pour ne pas la tuer ! » déclare-t-il. Même son avocat, maître André Coll, avait des sueurs froides dans le dos. La juge d'instruction, Danielle Braud, n'en revient pas qu'un homme puisse déclarer froidement s'être entraîné à mettre le feu à une femme. Cette préméditation requalifie le meurtre en assassinat.

Trois mois après, la juge d'instruction ordonne une reconstitution en commençant par les essais que Michel Guibal a réalisés dans la ferme familiale. Sur place, plusieurs clous ont été plantés à différentes hauteurs pour évaluer la quantité d'essence nécessaire à son projet. Aucun doute n'est donc permis sur la préméditation de l'acte. Danielle Braud est marquée par la force de cette détermination à vouloir réussir son entreprise. Trois ans se sont écoulés après l'assassinat, l'enquête et l'instruction sont closes. Le procès peut désormais s'ouvrir le 25 octobre 1994, devant la cour d'assises des Pyrénées-Orientales, à Perpignan.

La salle est comble et on fait la queue devant la cour d'assises. Tout le monde veut voir l'assassin : un besoin presque malsain d'assister au procès. Michel Guibal apparaît dans un petit costume gris, l'air abattu. Il s'installe d'un air détaché dans le box des accusés avec une attitude docile. Le mari d'Anne-Marie Roudil et son fils ont demandé à s'installer face au box de l'accusé pour pouvoir croiser le regard de Michel Guibal. André Coll l'avocat de la défense avoue qu'à ce moment-là, il aurait préféré se trouver ailleurs. Jean-Philippe Roudil déclare un peu plus tard que, pour son père et lui, c'était un devoir de se trouver face au meurtrier de sa mère. Il ne pouvait pas en être autrement, même si l'épreuve qui les attendait risquait d'être difficile.

Avec l'arrivée des trois voyantes, le procès se transforme en « théâtre de Guignol ». Le premier, le magnétiseur, est un petit bonhomme très digne, qui semble à l'aise. Il se défend de ne pas être un voyant et déclare qu'il ne s'est jamais impliqué dans cette histoire de sort jeté qui aurait pu préparer un meurtre. En second, arrive une fleuriste qui dans son sous-sol tirait également les cartes. La dernière, est une certaine Nadia, qui est aussi la dame de ménage du couple Guibal et qui assiste chaque jour aux disputes du couple. Elle déclare lui avoir conseillé d'aller sur un bord de plage et de boire successivement un dé à coudre des sept vagues qui allaient atteindre le rivage. Ensuite, leur couple irait beaucoup mieux.

Michel Guibal avoue l'avoir fait sur les conseils de Nadia. La cour d'assises a l'impression que le moyen-âge s'est invité dans les débats. Lorsque l'épouse de Michel Guibal témoigne à la barre, elle raconte sa vie de couple et les pannes sexuelles de son mari. Elle livre les aventures avec ses amants, c'est une femme très libérée qui parle sans retenue. La cour est persuadée que cette épouse a une grande responsabilité dans ce qu'il s'est passé. Elle est considérée comme l'instigatrice morale et l'influence qu'elle a sur son mari est omniprésente, au point que Michel Guibal, de son box, garde le silence comme s'il voulait continuer à laisser la parole à son épouse. Ce qu'il a toujours fait depuis leur union.

Le témoignage le plus fort du procès reste sans aucun doute celui de Jean-Philippe, le fils de la victime. Un garçon âgé d'à peine 16 ans, 12 au moment des faits, qui s'accroche à la barre pour tenir le coup en regardant Michel Guibal droit dans les yeux. Il fait bien comprendre à l'accusé, qu'en tuant leur mère, il les a tous tués. A travers ses paroles, Jean-Philippe essaie de refaire vivre le souvenir de sa mère. Michel Guibal de son côté ne réagit pas. Il continue au fond de son costume gris de s'apitoyer sur son sort et sa triste vie.

Maître Etienne Nicolau, l'avocat de la partie civile prend la parole pour dénoncer le calvaire que vit aujourd'hui cette famille privée d'un être cher. L'émotion dans la salle est perceptible, certaines personnes ne peuvent retenir leurs larmes. Le but de Jean-Philippe est de faire revivre Anne-Marie Roudil pour imaginer qu'elle est présente au procès. La conclusion de son propos sera comme une interruption nette de la vie d'Anne-Marie, qui apporte la même souffrance que sa disparition soudaine.

Les grands criminels 10

L'avocat général, Philippe Guichard se lance dans un réquisitoire particulièrement dur, réclamant pour Michel Guibal, la prison à perpétuité avec obligations de soins et une peine incompressible de 22 à 30 ans de sûreté. L'avocat de la défense tente bien de minimiser l'implication de son client, influencé par son épouse et les voyantes, sans grand succès. Lorsque la sonnerie retentit, après quelques heures, c'est l'annonce de la fin des délibérés. L'heure est désormais au verdict.

Le 27 octobre 1994, Michel Guibal est condamné à la réclusion à perpétuité par la cour d'assises des Pyrénées-Orientales mais sans peine de sûreté. Il pourra demander une liberté conditionnelle après 20 ans passés derrière les barreaux.

Le 5 janvier 2013, Michel Guibal sort de prison, bénéficiant d'un régime de semi-liberté après plusieurs demandes de libération conditionnelle, et le feu vert d'un expert psychologue. Michel Guibal vit toujours à Montpellier et n'a plus jamais fait parler de lui. Le docteur Roudil, mari de la victime, ainsi que ses enfants, ont alors pris la décision de ne plus jamais évoquer cette affaire dans la presse, déçus de la justice. Aujourd'hui, de manière générale les gens condamnés à perpétuité ne purgent que 18 ans de prison. Il y a un décalage complet entre la décision rendue et voulue par les jurés d'assises et la réalité de l'incarcération...

Les grands criminels 10

1991 - Pierre LESCHIERA

Nous sommes le 17 août 1991 dans le village de Castellar, situé près de Menton dans le département des Alpes-Maritimes. Le soleil se lève à peine et Pierre Leschiera quitte sa maison. Il est 06h00 du matin et le berger va rejoindre son troupeau, le bruit de sa moto résonne dans le silence de la montagne.

Dans un virage, au lieu-dit « Saint-Joseph », il y a un petit oratoire. A ce niveau-là, comme d'habitude, Pierre Leschiera ralentit quand, soudain, deux coups de feu retentissent et le berger reçoit deux décharges de chevrotine dans le dos. L'homme tombe au sol. A-t-il eu le temps de voir son agresseur qui, comme pour finir le travail, vient l'abattre d'une nouvelle balle en plein visage à bout portant ? C'est un promeneur qui trouve le corps quelques temps après. Il croit qu'il s'agit d'un accident.

A 08h15, le 17 août 1991, les gendarmes sont prévenus qu'un jeune homme s'est tué à moto sur le chemin Saint-Bernard du lieu-dit « Saint-Joseph ». Très vite, tout le village de Castellar sait que le berger est mort. Ce jour du 17 août de la Saint-Bernard, c'est la fête au village quand la nouvelle se répand. L'humeur n'est plus à la fête, des clans apparaissent, le curé et le maire essaient d'apaiser les rancœurs, la fête est finie. Certes des tensions sont déjà apparues entre bergers et chasseurs mais rien qui ne justifie la mort d'un homme. Les obsèques de Pierre Leschiera n'ont pas lieu dans le village mais dans la ville proche de Menton, située à la frontière franco-italienne. Les parents ont voulu éloigner une dernière fois leur fils du village et ont interdit aux conseillers municipaux d'assister à la cérémonie.

Pierre Leschiera laisse avec sa compagne une petite fille de six ans. Les cendres du berger sont dispersées sur la montagne qu'il aimait tant. Le berger de Castellar, âgé de 33 ans, est tombé dans un guet-apens. La presse titre immédiatement autour d'un règlement de compte. De nombreuses querelles entre les bergers et les chasseurs perdurent dans le village depuis des décennies. Chaque habitant choisit son camp en fonction de l'appartenance de sa famille. Pourtant, personne n'est étonné de la mort du jeune berger, certains s'étonnent même que ce drame ne soit pas arrivé avant. Pierre Leschiera avait installé sa bergerie sur les hauteurs de Castellar. Le troupeau du berger était reconnu comme l'un des meilleurs de la région.

Pierre Leschiera avait toujours rêvé d'être berger, lui qui, né à Monaco, une petite ville-État indépendante sur la côte méditerranéenne, était fils de carabinier. L'été, il passait ses vacances au village, chez ses grands-parents maternels, et c'est là qu'est apparue sa vocation. Il s'inscrit au lycée agricole d'Antibes, une ville et station balnéaire située entre Cannes et Nice, puis va travailler deux ans en Afrique où il aurait pu rester. Mais il préfère rentrer à Castellar. Pierre était persuadé qu'il y avait du potentiel pour la région d'Occitanie, entendue au sens large comme une moitié sud de la France. Il avait même appris à parler l'occitan qu'il ne pouvait employer qu'avec les anciens du pays, donnant même une interview à la chaîne régionale France 3, en langage occitan.

Pierre Leschiera installe sa bergerie en 1983 et une partie du village le prend en grippe. Denis Morieux est le meilleur ami de Pierre. Apiculteur, il partage les ennuis de Leschiera pendant les huit ans qui précèdent sa mort. Durite d'essence coupée, pneus crevés, abreuvoirs percés, tuyau d'arrosage coupé en petits morceaux de 50 centimètres. Tout allait bien tant que le berger passait pour un

« babacool », un doux rêveur. Mais lorsque le berger commence à bien vivre de son élevage, qu'il construit des bâtiments en dur et que le troupeau se développe, au village ça dérange. Pierre Leschiera veut continuer à développer son élevage, il demande aux agriculteurs de Castellar l'autorisation de faire paitre ses moutons sur leurs terres et ça ne plait pas à tout le monde.

Il y avait d'un côté le domaine des chasseurs et de l'autre le domaine du berger. Un problème, car Pierre Leschiera a bien l'intention de rester toute l'année sur sa montagne. Pour cela, il a remis en état toutes les sources de la région et y restera, y compris pendant les périodes de chasse, du jamais vu à Castellar. Le journaliste Roger-Louis Bianchini, le premier à enquêter sur l'affaire, se souvient de Pierre Leschiera comme un chef d'entreprise. Après huit ans d'exploitation il avait 950 bêtes et vivait très bien de son travail. Castellar est un village de chasseurs, on accorde une centaine de permis par an.

Les chasseurs ont leur leader, Alain Verrando. C'est lui qui organise les battues de sangliers. Jean-Claude Mangin, son ami, s'occupe des chiens. On n'entre pas impunément dans ce territoire réservé à la chasse. C'est là que Pierre Leschiera fait paître ses brebis, il estime qu'il n'a pas besoin de permission. Avant l'arrivée du berger, les chasseurs étaient les « patrons » du village armés de fusils de chasse, le franc-parler de Pierre ne pouvait que leur déplaire. Les Verrando dirigent la société de chasse, ils sont trois frères, maçons de profession, ils ont construit la plupart des maisons du village et n'ont rien en commun avec le berger de Castellar qui était instruit et avait fait des études. Les Verrando étaient plutôt des esprits frustes. Pierre Leschiera refuse cet ordre établi depuis la nuit des temps par les chasseurs. Il ne transige pas, pour lui seule la réussite de son entreprise est la priorité et il ne craint pas de déplaire.

Daniel Bovis est fermier à Castellar. Il était en conflit avec Pierre Leschiera, on l'a même soupçonné d'être mêlé à la mort du berger avant d'être mis hors de cause. Il faut dire que Pierre avait un franc-parler et un esprit droit. Donc, lorsqu'il disait aux autres personnes qu'elles avaient un esprit tordu, ça passait mal. Leschiera était un gaillard de 1,90 mètre, costaud et musclé, capable de faire deux fois l'ascension du Mont-Blanc dans la même semaine. Les incidents se multiplient et en novembre 1985, une meute de chiens avec des chasseurs fonce sur les moutons et tue 25 bêtes.

En huit ans, les chiens de Castellar tuent 150 brebis. Pour protéger son troupeau, Pierre Leschiera abat plusieurs chiens. On lui fait alors une réputation de « tueur de chiens ». L'escalade continue. Pour rejoindre sa bergerie, Pierre Leschiera est obligé de passer devant les Verrando. La route devient un lieu quotidien d'affrontement entre les deux familles Leschiera et Verrando. Un soir, de retour de la bergerie avec son père, Pierre Leschiera est empêché de passer par un chien appartenant à Verrando. Au lieu de faire rentrer la bête, une dispute à coups de fourche et de bâton éclate entre les deux familles. Le père de Pierre s'en tirera avec une blessure au-dessus de l'arcade sourcilière. Pierre gardera des séquelles d'audition et porte plainte. Alain Verrando sera condamné à 15 jours de prison avec sursis.

Le maire du village, Jean Albin, est au courant de ces tensions, mais n'intervient pas. Les chasseurs sont aussi des électeurs. En 1989, lors des élections municipales, la liste des chasseurs avec à leur tête Jean Albin sort victorieuse. Une seule autre liste dissidente, celle de Pierre Leschiera qui va créer en 1991 avec des amis un journal d'opposition « Vivre à Castellar », s'attaque frontalement à la municipalité et dénonce les violences. Quelques mois avant le drame, le journal s'insurge contre les dégradations subies par Denis Morieux. Cinquante de ses ruches ont été renversées dans le ravin.

Trois mois avant le meurtre de Pierre Leschiera, celui-ci s'interrogeait dans son journal pour savoir jusqu'où irait l'aveuglement de l'autorité municipale chargée de faire respecter l'ordre. La violence et les dégradations gravissaient chaque fois un échelon supplémentaire. Quinze jours avant le drame, Jean-Claude Mangin, le chasseur faisant partie du clan Verrando, tient des propos prémonitoires. Il déclare à un ami : « Il y en a un qui va finir avec de la chevrotine dans le dos ». Pierre Leschiera sent aussi la situation s'aggraver. Il annonce sa mort prochaine à son ami Christian et à sa mère : « Le clan des Verrando m'a condamné à mort, si je peux je me battrai, sinon… ». Le berger avait peur, mais n'est jamais parti, car il était sûr de son bon droit.

Trois jours avant le drame, Pierre Leschiera a une violente altercation avec Jérôme Verrando, le neveu d'Alain, un adolescent de 16 ans : « Un jour, je te mettrai une balle dans la tête ! ». Le berger porte plainte immédiatement à la gendarmerie pour menace de mort. Dès l'arrivée des gendarmes de Menton sur les lieux du crime, Francis Leschiera, père de Pierre, donne le nom de trois Verrando et deux amis comme responsables du crime. Jérôme Verrando est un coupable désigné. Deux heures après la découverte du corps, lui et son père Paul sont placés en garde à vue.

Ils sont relâchés très vite car ils ont un alibi, ils ont organisé une fête la veille au soir qui s'est terminée vers 05h00 du matin. Leurs compagnes affirment qu'ensuite ils sont allés se coucher et n'ont pas bougé. Parmi les autres noms donnés, Alain Verrando, l'oncle de Jérôme et leader du clan des chasseurs, est placé en garde à vue à son tour. Celui qui a tué le berger a forcément des traces de poudre sur les mains. Une quinzaine de prélèvements sont effectués, y compris sur le père de Pierre Leschiera. Les résultats tombent quelques semaines plus tard. Quatre personnes présentent des traces de poudre. Jérôme n'a pas d'explication. Il n'a pas tiré depuis la fermeture de la chasse, son dernier coup de feu vient d'un ball-trap il y a un mois et demi. Paul a également des traces de poudre mais peut en donner la provenance. La veille, lors de la fête, il a tiré des coups de feu en l'air, il paraît que c'est une tradition locale.

A cet instant de l'enquête, la juge retient les alibis des deux hommes corroborés par leurs compagnes. Certes, c'est un alibi fragile mais probable. La juge s'intéresse également à Alain Verrando, car lui aussi est porteur de traces de poudre. Pourtant il déclare qu'il n'a pas tiré depuis longtemps, ce sont sans doute des traces qu'il a chopées quelque part. Alain Verrando est désormais le seul suspect. La veille, il a quitté la fête organisée par son frère Paul vers 03h00 du matin. Il est rentré chez lui ; il déclare s'être levé pour se rendre à son travail vers 06h50. Sa compagne qui dormait ne l'a pas entendu.

Il est allé ensuite porter du café à ses parents à l'étage du dessus, mais aucun ne s'en souvient. Personne ne l'a vu avant 07h10. Là, un témoin l'aperçoit, dépité, frappant sur le capot d'une voiture à l'entrée du village. Enfin ses amis le voient arriver vers 08h30 sur son chantier. Son explication pour la poudre pourrait être les outils et explosifs présents dans son coffre qu'il a manipulé. Un quatrième homme présente des traces de poudre : Émile Muratore, un ancien apiculteur, ami des Verrando, un vieux chasseur continuellement en conflit avec le berger. Les gendarmes retrouvent chez lui des cartouches semblables à celles du crime. Sa femme affirme que son mari n'a pas bougé. Une fois de plus, la juge va croire en cet alibi un peu fragile. Au total sur les 15 prélèvements effectués, 4 sont positifs, tous cités par le père de Pierre Leschiera.

Le seul suspect valable est Alain Verrando. Les autres ont des alibis fournis par leurs femmes. À ce stade de l'enquête, la juge n'imagine pas que leurs femmes ne puissent mentir. L'autopsie conclut que les traces de poudre prélevées sur le corps du berger et les résidus présents sur les mains des suspects sont identiques. Pour maître Gérard Baudoux, l'avocat d'Alain Verrando, la tâche risque d'être lourde. Le 11 décembre 1991, Alain Verrando est mis en examen et écroué à la maison d'arrêt de Nice, située 12 rue de la Gendarmerie, mise en service depuis 1897. Toutefois la famille Leschiera se refuse à penser qu'il est le seul coupable.

Parallèlement, les gendarmes reconstituent le déroulement des faits. L'assassin connaissait les habitudes du berger, l'heure à laquelle il rejoignait son troupeau, le chemin qu'il empruntait et l'endroit idéal pour lui tendre une embuscade. Étrangement ce ne sont pas les gendarmes qui retrouvent les cartouches mais un promeneur. L'arme du crime est un calibre 16, un vieux fusil de chasse qui ne sera jamais retrouvé. Les militaires interrogent les occupants d'une maison proche du lieu du crime. Le

17 août 1991, ils ont entendu un bruit de moto, suivi de deux coups de feu. Puis, très distinctement, des bruits de craquements de branches dans le maquis. Les vérifications confirment bien qu'un passage a été créé à partir du lieu du crime. En dix minutes, le sentier rejoint l'atelier des Verrando. Seul un habitué pouvait connaître les lieux.

Au village, l'enquête des gendarmes est très difficile. Face aux questions, les portes se ferment. C'est l'omerta (traduite généralement par « loi du silence »). Jusqu'au procès-verbal de Jean Albin le maire du village enregistré le jour du meurtre : « Ce jour j'ai été averti vers 12h00, par vous-même, de l'assassinat de Pierre Leschiera. Depuis un certain temps, je n'ai pas été attiré par des faits qui auraient pu prévoir un tel événement, je n'ai aucun élément particulier sur cette affaire ». Ce qui constitue sans doute la plus courte déclaration de la part de l'élu d'une commune. Elle a commencé à 16h30 pour se terminer à 16h40. L'intéressé ne se souvient pas que trois jours auparavant, le berger de Castellar avait porté plainte pour menaces de mort. La centaine de personnes interrogées fera la même réponse.

Pourtant, à Castellar, les habitants ont des choses à dire. Certaines personnes mettent les gendarmes sur la piste des clandestins. A proximité de la frontière avec l'Italie, des personnes auraient vu Pierre Leschiera faire le passeur. Ses amis sont unanimes, jamais le berger de Castellar n'aurait exploité la misère humaine. L'enquête conclut que des étudiants étrangers ont pu être accompagnés par Pierre jusqu'à des sites archéologiques de fouilles mais jamais pour faire passer des clandestins. Jean-Claude Mangin émet, quant à lui, l'hypothèse que le berger dans les montages a vu quelque chose qu'il n'aurait jamais dû voir. Les enquêteurs ne trouvent pas plus d'élément pour étayer cette nouvelle hypothèse.

Dernière piste, Pierre Leschiera a été assassiné par l'un des propriétaires des chiens abattus. Mais le berger n'a pas tué de chien récemment. Toutes les pistes tombent les unes après les autres. Obstinément, tout ramène les gendarmes sur la piste du village. Un mois après son incarcération, Alain Verrando trouve une explication sur la présence de poudre sur ses mains. Le matin du crime il a utilisé un pistolet à poudre type « Spit » destiné à planter des clous dans le béton.

Un rebondissement dans l'enquête qui ordonne de nouvelles expertises. Les résultats semblent compatibles avec les déclarations de Verrando. Convaincue, la juge d'instruction Patricia Lanfranchi remet en liberté Alain Verrando. Il décide de rentrer chez lui à Castellar et tant pis si la famille Leschiera le supporte mal. Alain Verrando s'installe dans sa nouvelle maison, proche de celle de son frère Paul et de la bergerie dont s'occupe désormais le père du berger assassiné. Les deux hommes se croisent presque tous les jours. Au village, désormais, on est dans un camp ou dans l'autre. Un grand nombre de familles sont divisées et bientôt, à Castellar, on ne parle plus du tout du crime. A partir de ce moment-là, on a l'impression que l'affaire est enterrée. Pendant sept ans, la justice ne fait pas avancer l'enquête, le berger semble oublié.

Alain Verrando a repris sa place au village mais reste mis en examen pour assassinat. Les années passent et Alain peut espérer un non-lieu. Mais le vent tourne au palais de justice de Nice. Un nouveau procureur est nommé, Philippe Dorcet, qui décide de rouvrir le dossier de l'assassinat de Castellar. Sur les 2 500 pages de procédure, personne n'a jamais pensé à faire une synthèse. Philippe Dorcet reprend notamment les expertises et s'aperçoit qu'on leur a fait dire ce qu'elles ne disaient pas. Selon son analyse du rapport, les résidus de poudre ne pouvaient pas venir du pistolet à clou du maçon. Il trouve notamment incroyable que le supplétif qu'il avait rédigé, reprenant les expertises, n'avait été vu par personne.

Le procureur s'étonne également que seul Alain Verrando soit mis en cause, tout au moins mis en examen, qui ne se traduit pas automatiquement par une détention. Mais le dossier a suffisamment traîné et on décide de l'envoyer tel quel aux assises. L'instruction juge les charges contre Alain Verrando suffisantes pour qu'il entre dans le box des accusés C'est ainsi qu'après la décision des trois magistrats de la chambre d'accusation, la juge d'instruction et le procureur décident de le faire comparaitre seul devant les assises, même si un nouvel élément peut intervenir lors du procès.

Le 6 novembre 2000, le procès s'ouvre à Nice, mais il n'aura pas lieu et sera reporté. Les deux scientifiques experts sont introuvables. Le premier, Loïc Le Ribault, est mêlé à une sombre histoire judiciaire, il est en cavale à l'étranger. La seconde, Michelle Rudler, a été mutée entre temps, elle a déménagé et il semble qu'on n'ait pas retrouvé son adresse. On décide de nommer trois nouveaux experts. Cette fois, tout bascule. Dans le nouveau rapport, Alain Verrando, accusé précédemment, bénéficie cette fois de conclusions plus nuancées : les particules retrouvées sur lui « peuvent » provenir d'un tir, mais pas forcément.

Le 22 avril 2002, le procès d'Alain Verrando s'ouvre enfin à Nice. Depuis dix ans il est en liberté provisoire, il comparait donc libre. Le procès dure cinq jours pendant lesquels les deux familles se toisent. Durant les suspensions de séance, dans la salle des « pas perdus », on sent bien la haine entre les familles Verrando et Leschiera, mais rien ne se passe, juste une atmosphère malsaine. Dans le box, Alain Verrando est très calme, loin de sa réputation d'impulsif. Accusé de violence, il avait divorcé en 1988 mais ne s'étendra pas sur le sujet. Il déclare seulement au président du tribunal : « Je n'ai pas tué le berger ». L'accusation s'appuie notamment sur les traces de poudre retrouvées sur Alain Verrando et voilà que les nouveaux experts sont moins affirmatifs que les premiers. Le doute s'installe.

Le doute ne fait que se renforcer lorsque les gendarmes racontent que lors de l'interpellation d'Alain Verrando, ils lui ont demandé de transporter des fusils. Lors du premier jour d'audience, la cour se concentre sur les circonstances qui ont engendré l'assassinat de Pierre Leschiera. Une vingtaine d'habitants de Castellar défilent à la barre. Tous jurent « de dire la vérité et toute la vérité ». Ce serment parait dans cette affaire bien dérisoire. Lorsque les membres de la cour posent des questions précises, c'est l'amnésie générale. Le maire du village à l'époque, Jean Albin, est appelé à la barre. Il déclare simplement se souvenir de quelques différends avec des chiens notamment, mais c'est très loin. On a l'impression que les témoins viennent à la barre, non pas pour parler, mais mieux se taire.

Vient alors le témoignage d'Emile Muratore, ami des Verrando et soupçonné, à l'époque, d'être impliqué dans l'assassinat et blanchi par son épouse. Placé sur écoute par les gendarmes, il aurait déclaré à un interlocuteur qu'il savait qui était l'auteur, ce qu'il nie devant la cour. Le président n'a pas d'autre choix que de venir faire témoigner les gendarmes qui se présentent avec les cassettes d'enregistrement. A leur écoute, on entend distinctement sa déclaration. Emile n'a qu'une réponse : « Alors ! c'est vrai que je l'ai dit ! ». Ce nouveau témoignage ne fait qu'encourager le doute sur la culpabilité d'Alain Verrando. Et on se souvient aussi qu'on avait également retrouvé de la poudre sur les mains d'Emile Muratore. Lors du témoignage de son épouse, la défense réussit à lui faire admettre qu'il est possible que la veille de l'assassinat elle ait pu prendre des somnifères et n'ait pas entendu son mari se lever vers 06h00.

Désormais, c'est Jérôme Verrando qui est appelé à la barre. C'est lui qui, quelques jours avant le crime, avait menacé Pierre Leschiera. Lui aussi avait de la poudre sur les mains, les experts étaient formels. Il fait assez mauvaise impression. Il dit que le jour de l'assassinat il a raccompagné sa compagne chez elle, alors que cette dernière avait déclaré qu'il avait dormi chez son père après la fête bien arrosée. Ses souvenirs sont confus. La petite amie de l'époque, Linda, est appelée à la barre. Son témoignage est moins évident qu'à l'époque, elle pense qu'il a dormi chez son père, mais ce n'est plus une certitude.

Un copain de Jérôme Verrando déclare même qu'il l'a vu cette nuit-là, vers 05h45, se lever de son lit et sortir. Le lieu du crime est à moins de cinq minutes de la maison ; et si c'était lui l'auteur du crime ? Lorsque l'avocat général se lève pour poser directement la question à Jérôme sur son implication, ce dernier déclare qu'il n'a rien à voir dans la mort du berger de Castellar. Dans la salle d'audience, l'avocat général, Mario Agneta, fait part de son agacement après ces trois jours d'audience et parle d'un village « sans foi ni loi » qui ne désire pas savoir la vérité. Il demande le report du procès avec une éventuelle nouvelle enquête et instruction.

La cour refuse le report du procès et poursuit les délibérations. C'est donc à l'avocat général de prononcer son réquisitoire. Il ne ménage pas les témoins qui se sont succédé à la barre, mais persuadé qu'Alain Verrando n'était pas seul ce jour-là, il ne demande que 20 ans de réclusion criminelle. Pour la défense, il suffit de s'appuyer sur le doute omniprésent pendant tout le procès. Elle réclame forcément l'acquittement de leur client.

Après deux heures de délibéré, le 27 avril 2002, les jurés de la cour d'assises des Alpes-Maritimes ont acquitté Alain Verrando, accusé de l'assassinat de Pierre Leschiera. D'un côté la colère, de l'autre le soulagement. Quelques jours plus tard, le parquet fait appel de la décision, parallèlement une information judiciaire est ouverte contre Jérôme Verrando et Emile Muratore qui décède le 19 juin 2004. Jérôme est mis en examen pour assassinat, il sera jugé par la cour d'assises des mineurs. Le 21 novembre 2008, Alain et Jérôme Verrando sont de nouveau acquittés de l'assassinat de Pierre Leschiera. Ce verdict constitue un revers pour l'institution judiciaire, un mystère pour la mort du berger...

Les grands criminels 10

1995 - Louis POIRSON

Du 2 mars 1983 au 20 décembre 1984, une série de 12 viols a lieu à Strasbourg dans le département du Bas-Rhin. La ville a laissé un patrimoine architectural remarquable. Son centre-ville, situé sur la Grande Île, est entièrement inscrit au patrimoine mondial par l'Organisation des Nations unies pour l'Education, la Science et la Culture (UNESCO) depuis 1988 et comprend, notamment, la cathédrale Notre-Dame de Strasbourg et le quartier de la Petite France.

Les femmes, des victimes de 18 à 40 ans, sont agressées dans un parking souterrain du centre-ville avec le même scénario. L'agresseur attend tapi dans l'ombre sa victime. Une fois arrivée et avant qu'elle ne sorte de sa voiture, celle-ci est menacée d'un pistolet sur la tempe. A chaque fois les femmes sont violées et dépouillées de leur argent. Même quand il est surpris par des témoins, l'agresseur réussit toujours à s'enfuir. Longtemps, le violeur a eu de la chance, puis un jour celle-ci a tourné.

Le 20 décembre 1984, le violeur prend en stop une jeune fille pour l'emmener sur un chemin de terre et la viole. Toutefois, la victime a le temps de noter la plaque d'immatriculation, 7190 RQ 67, et prévient les gendarmes. Les vérifications effectuées aboutissent au véhicule d'une étudiante alsacienne qui prête régulièrement sa voiture à son petit ami âgé de 23 ans, Louis Poirson. Il est présenté aux victimes des parkings, toutes le reconnaissent.

C'est en septembre 1962 que Louis Poirson voit le jour à Manakara, une ville située sur la côte sud-est de l'île de Madagascar, capitale de la région Fitovinany, d'un père français et d'une mère malgache. Il est l'aîné et le seul garçon des quatre enfants. La famille reste sur l'île jusqu'en 1966, avant de rejoindre la France et Strasbourg. Durant son enfance, selon ses dires, le père bat régulièrement Louis qui devient son souffre-douleur à chaque fois que ce dernier est pris de boisson. Sa mère reste passive et donne l'impression au jeune garçon d'accepter les sévices que lui inflige son père. C'est sans doute à cette période que Louis Poirson va développer une rancœur, transformée en haine, envers ses parents, alors qu'il est décrit comme un élève motivé et agréable à fréquenter. Ses premiers employeurs parlent d'un ouvrier exemplaire et ses petites amies d'un compagnon prévenant.

C'est en 1980, après son Certificat d'Aptitude Professionnelle (CAP) de navigation qu'il devient marinier sur un pousseur du Rhin (un mode de transport fluvial particulier : un bateau spécialisé, le « pousseur », déplace des barges dépourvues de pilote et de moteur). Louis Poirson effectue son service militaire en 1982 alors qu'il est âgé de 19 ans. Il éprouve une véritable fascination pour l'armée et souhaite devenir para-commando. Il idolâtre Sylvester Stallone dans son rôle de « Rambo », surnom qu'une certaine presse va lui attribuer. Malheureusement, il ne peut réaliser son rêve à cause d'une fracture au péroné empêchant notamment les sauts en parachute. C'est sans doute à cette période que sont nés les premiers accès de violence. Poirson en veut à la terre entière. Il retourne à Strasbourg lorsque son service militaire s'achève. Il est alors âgé de 20 ans.

Bien que son comportement puisse paraître comme schizophrénique, les experts psychiatres déterminent, néanmoins, que Poirson ne souffre d'aucune maladie mentale. Il est responsable de ses actes et aucune thérapie n'est à envisager. Reconnu coupable au terme de sa garde à vue, il est inculpé (mis en examen) et comparait devant la cour d'assises du Bas-Rhin de Strasbourg à partir du 2 décembre 1985. Louis Poirson est condamné à 15 ans de réclusion criminelle le 4 décembre 1985 pour 12 affaires de viols et d'agressions sexuelles. Il purge sa peine dans la maison centrale d'Ensisheim dans le département du Haut-Rhin. Ces bâtiments ont été construits à partir de 1614 pour être un collège des Jésuites qui fut fermé lorsque les Jésuites furent expulsés, en 1765.

Poirson arrive ensuite à la maison d'arrêt de Fleury-Mérogis, achevée en 1968, qui demeure la plus grande prison de l'Union européenne avec 140 hectares et une capacité d'accueil de 2 927 prisonniers, souvent dépassée, dans le département de l'Essonne. Elle devient un centre pénitentiaire à partir de 2023, depuis l'ouverture d'un quartier « centre de détention ». Poirson est libéré en juillet 1994, après 9 ans et demi de détention. À la suite de sa libération, il déménage en région parisienne pour s'installer avec Chantal et devient tailleur de pierres. Le 28 juillet 1998, à Douains dans le département de l'Eure, Poirson viole Adeline, 20 ans. La jeune fille dépose plainte au commissariat et établit un portrait-robot de son violeur. L'enquête piétine et ne débouche sur aucune piste.

Le 3 septembre 1999, Charlotte Berson, domiciliée à Pacy-sur-Eure dans le département de l'Eure, âgée de 79 ans, est une veuve, grande marcheuse qui veut profiter des derniers beaux jours pour se promener. Il est 13h00, lorsqu'un de ses voisins la voit se diriger vers la cote du Haut-Mesnil, l'une de ses balades préférées. Dans l'après-midi, Jérôme Gaillard, son petit-fils, l'appelle au téléphone mais Charlotte ne répond pas, elle n'est pas rentrée. A plusieurs reprises, Jérôme renouvelle son appel, ainsi que d'autres membres de la famille qui devaient se rendre chez elle en fin d'après-midi. Toujours aucune réponse.

Il est 17h00, lorsque la famille décide de se rendre sur place, mais ne trouve rien d'inhabituel. La maison est fermée, comme à son habitude, à chaque fois que la sexagénaire part se promener. Toutefois, les promenades ne durent jamais aussi longtemps. La famille commence à s'inquiéter et se met tout de suite à sa recherche, arpentant les endroits où Charlotte se promène fréquemment, pendant que deux personnes restent à la maison au cas où la promeneuse réapparaîtrait. Les recherches restent infructueuses et, dès le lendemain, la famille décide de prévenir les gendarmes. Mais voilà, pour les disparitions d'adultes, il faut attendre 72 heures pour démarrer les recherches, car un adulte a le droit de disparaître ? sauf lorsqu'elle relève d'un caractère inquiétant, cette fois les recherches sont immédiates. En attendant, la famille imprime des avis de recherche dont elle inonde Pacy-sur-Eure. Cela ne donne rien, les semaines passent et Charlotte ne réapparait pas.

Un mois plus tard, le 3 octobre 1999, deux chasseurs, Paul Noël et un ami, sont à Saint-Cyr-en-Arthies dans le Val d'Oise. Soudain, leur chienne les attire dans un fourré où ils découvrent un cadavre. Reste alors aux deux hommes à prévenir les autorités. Les gendarmes de la Section de Recherches (SR) de Versailles arrivent sur place. Ils constatent la présence d'un corps nu en état de décomposition avancée. Difficile, dans un premier temps, de déterminer le sexe de la victime. Seul indice, une montre au poignet. Le cadavre a sans doute été transporté par une personne qui connaît parfaitement les lieux, car l'endroit est retiré, à la fois proche de Saint-Cyr-en-Arthies et loin des regards.

L'enquête de voisinage auprès de la seule habitation à proximité ne donne rien, pas plus que du côté gauche de la commune plus éloigné. Personne n'a rien remarqué. L'autopsie révèle qu'il s'agit d'une femme âgée, son poignet gauche a été cassé et consolidé avec une broche qui porte un numéro de série encore visible. Grâce à ce numéro, on retrouve un nom, Charlotte Berson. C'est bien elle, la famille reconnaît la montre. Comme toujours l'enquête commence par l'entourage de la victime qui a été retrouvée à 40 kilomètres de son domicile. Dans un premier temps, tout le monde est suspecté. Certes les soupçons sont rapidement écartés mais blessent cette famille profondément. Un an plus tard l'enquête ne donne rien de probant.

Les grands criminels 10

Il est 08h00 du matin ce 19 mai 2000, une jeune femme, Adèle rentre chez elle à Vernon, une commune du département de l'Eure, après avoir passé une nuit à Paris. Adèle se trompe de train et se retrouve à Mantes-la-Jolie dans le département des Yvelines. La jeune femme est très pressée, elle doit se rendre à un rendez-vous à l'école de son fils et se contraint à prendre le bus. Mais un automobiliste s'arrête à sa hauteur.

L'homme lui propose de la rapprocher, se rendant dans la direction de Vernon. Il doit juste, auparavant, déposer des cartons sur son lieu de travail. Adèle accepte la proposition pensant que cette opportunité la sauve de plusieurs heures de transport et du risque d'arriver en retard à son rendez-vous. Une fois montée dans le véhicule, Adèle tente d'engager une conversation, mais un malaise est perceptible.

L'homme roule sur la nationale 13 en direction de Vernon, mais quitte la route à un moment, en direction d'une ferme qui semble désaffectée, pour déposer ses cartons. C'est là qu'il travaille, seul. Il exerce le métier de tailleur de pierres. Toujours silencieux, il ouvre le coffre de sa voiture. Soudain, la portière côté passager d'Adèle s'ouvre et l'homme la menace d'un couteau. La jeune femme est forcée de sortir, l'homme parait agité et tremble de partout. Adèle se retrouve attachée les mains dans le dos et emmenée à l'intérieur d'un des bâtiments. Dans la lutte, elle perd sa montre.

Toujours aussi énervé, l'homme presse Adèle de monter à l'étage. L'homme pousse alors la jeune femme dans une pièce vide où se trouve un vieux matelas. L'individu continue de la ligoter et de la bâillonner. Il déclare à la jeune femme : « Désormais, tu va rester seule, je vais revenir pendant ma pause de midi et tu verras alors ce que je te ferai ! ». Comme si de rien n'était, l'homme se met au travail au rez-de-chaussée de la ferme. C'est alors qu'arrive la patronne de l'homme, qui, par hasard, trouve au sol une montre de femme juste avant l'escalier qui mène au premier étage. Elle monte l'escalier et dans une pièce, sur le matelas, trouve une femme ligotée. Elle décide d'aller voir son seul employé, Louis Poirson. Sans se démonter, celui-ci avoue être au courant. C'est lui qui a kidnappé Adèle. Il déclare à sa patronne qu'il va la ramener chez elle après sa matinée de travail. Il la supplie de ne rien dire.

Sa patronne lui demande de ramener la jeune femme immédiatement. Sur le trajet, il reste au téléphone avec sa patronne, mais pendant ce temps, avec un autre appareil, elle prévient la gendarmerie. Adèle demande à Louis Poirson s'il est coutumier des faits. Ce dernier lui répond qu'il s'agit de la première fois. Il a retrouvé son calme et ne sait pas ce qu'il s'est passé. Poirson dépose Adèle devant chez elle, il s'excuse une nouvelle fois et s'en va vers la gendarmerie de Bonnières-sur-Seine dans les Yvelines pour se constituer prisonnier. Le 21 mai 2000, Poirson est mis en examen pour enlèvement et séquestration et placé en détention provisoire à la Prison de Bois-d'Arcy.

La pièce où Adèle a été enfermée intéresse les gendarmes. Cette pièce isolée où travaille, seul, Louis Poirson, peut parfaitement cacher des traces ADN de Charlotte Berson se basant sur les recherches effectuées lors de l'autopsie. Ces derniers pensent que madame Berson a été séquestrée environ deux semaines avant que son corps soit abandonné. L'étude du bol alimentaire, au cours de l'autopsie, conclut que Charlotte a été tuée le jour de sa disparition. Autre élément Louis Poirson passe régulièrement à Pacy-sur-Eure où il a vécu quelques mois et il emprunte forcément la côte du Mesnil qui le ramène à la ferme.

Le témoignage de deux personnes en voiture est formel : ce jour-là, ils ont aperçu la vieille dame sur cette route. Charlotte Berson a pu croiser la route de Louis Poirson. Pour les gendarmes, c'est la piste la plus sérieuse qu'ils détiennent actuellement. Il reste maintenant à réunir les éléments pour la corroborer. Louis est extrait de sa cellule et conduit à la caserne d'Anjou, siège de la SR de Versailles, pour y être interrogé. Les gendarmes rencontrent pour la première fois leur suspect, un homme impressionnant, charpenté, un peu rustre qui donne l'impression d'une personne très dure avec qui cela ne va pas se passer facilement. Comme tout individu que l'on pense dangereux, Louis Poirson, pendant toute la durée de son interrogatoire, est attaché à un plot en béton. Malgré ses allures de colosse, Poirson est plutôt coopératif.

Le plus étonnant pour les gendarmes c'est que lorsqu'ils l'accusent d'avoir tué une vieille dame, cela n'a pas l'air de l'émouvoir. A aucun moment il ne va demander de qui il s'agit ou la date du meurtre, ce qui parait suspect aux enquêteurs. Etrange aussi lorsque les gendarmes lui montrent une photo de la victime. Louis se sent presque gêné, il y a certainement un problème. Les gendarmes perquisitionnent à son domicile de Mantes-la-Jolie et trouvent des bijoux de femme qui ne sont pas ceux de sa compagne. Il déclare que ce sont des bijoux trouvés, ce qui parait étrange. Vérification faite, ils n'appartiennent pas non plus à Charlotte Berson.

Toutefois les gendarmes découvrent que sa compagne a fêté son anniversaire à Vienne-en-Arthies non loin de Saint-Cyr-en-Arthies où le corps de Charlotte Berson a été retrouvé ; une péripétie qui va faire trébucher Poirson. Les gendarmes insistent, auprès de sa concubine, sur le fait que sa voiture a été saisie et confiée à l'Institut de Recherche Criminelle de la Gendarmerie Nationale (IRCGN). Si des traces sont trouvées, elle risque également une incarcération comme propriétaire du véhicule. C'est le point faible de Louis, il déclare aux gendarmes : « Je vais vous raconter comment ça s'est passé, mais vous n'allez pas me croire... ». Le 3 septembre 1999, Louis Poirson va se promener durant sa pause méridienne. En revenant, il trouve devant le portail, le corps de la vieille femme inanimée et ensanglantée.

Louis Poirson déclare qu'au vu de son passé, il a pensé qu'il serait soupçonné. Il a donc décidé d'emmener le cadavre au lieu où il a été découvert. Les gendarmes laissent dire et lui accordent un temps de repos. La garde à vue reprend et Poirson avoue. Ce jour-là, revenant d'un magasin de Pacy-sur-Eure, il rentre par la côte de Mesnil, croisant Charlotte Berson. Il lui bloque la route avec le véhicule de sa compagne, la vieille femme panique et tape sur le capot de la voiture. Louis Poirson sort du véhicule et lui propose de la raccompagner, ce que Charlotte refuse voulant continuer sa balade.

Charlotte Berson continue de donner des coups sur la voiture, ce qui énerve Louis Poirson. Il insulte la vieille femme et la pousse sur le bas-côté. D'après lui, Charlotte perd l'équilibre et tombe, heurtant une pierre qui se trouvait là. Il s'aperçoit que du sang coule du bord de ses lèvres. Persuadé que la femme est morte, il tente de mettre le corps dans le coffre. Il ramène Charlotte à la ferme et, contrairement à ce qu'il pensait, la femme est toujours vivante. Une violente dispute éclate. Il étrangle la femme qui perd l'équilibre et tombe une nouvelle fois sur des pierres se trouvant là. Cette fois, Charlotte est bien morte. Il déshabille la victime pour ne pas laisser de traces et la place dans le coffre de la voiture et démarre. Sur le trajet, il jette un à un les habits de Charlotte Berson par la fenêtre du véhicule. Il dépose le corps à l'endroit où elle a été retrouvée et reviendra plus tard pour l'asperger d'acide chloridrique afin d'effacer les traces. Les gendarmes découvrent alors que le corps n'a pas séjourné à la ferme comme ils l'avaient pensé.

Les militaires ont terminé leur enquête au sujet de Charlotte Berson, toutefois ils ne sont pas sûr d'en avoir fini avec Louis Poirson. Lors d'un transfert avant sa mise en examen, une conversation s'engage entre les militaires et le suspect qui laisse entrevoir d'autres méfaits. Et pourquoi pas le double meurtre de Jeanine Villain, 67 ans, et de sa fille Monique, 44 ans domiciliées à Saint-Vincent-des-Bois ?

Le 2 septembre 1995, les corps des deux femmes ont été retrouvés par des promeneurs. Les deux femmes avaient été vues quelques jours avant, le 30 août 1995, au cimetière animalier de Douains dans le département de l'Eure où elles étaient venues se recueillir sur la tombe de leur chienne Babette. Ensuite, plus personne ne les a revues et leur voiture a disparu. Or le cimetière pour chiens se trouve à proximité de la ferme où travaille Louis Poirson. Et d'autres coïncidences troublantes apparaissent. Le véhicule est retrouvé à Mantes-la-Jolie sous un pont de voie ferrée où Louis Poirson a travaillé. Les gendarmes décident d'en parler à leurs collègues chargés de l'affaire, afin qu'ils puissent diligenter les investigations nécessaires et interroger Louis Poirson.

Pour les gendarmes cela pose un problème. Ils détiennent déjà un coupable, Michel Villain, 40 ans, fils et demi-frère des deux victimes, avec qui il était brouillé depuis une dizaine d'années. Il est, de plus, bénéficiaire d'une énorme somme d'argent en cas de décès de sa famille. Pour ne rien arranger, Michel est réputé violent. C'est un marginal qui vit au jour le jour de petits boulots. Un vrai profil de coupable. Pourtant, depuis le début, Michel Villain nie. D'ailleurs il n'a pas un mais deux alibis. Le jour du crime il a été reçu par un avocat et un dentiste. Le seul problème c'est qu'à chaque fois, il est venu sans rendez-vous, aucune trace dans les agendas. Les deux rendez-vous confirment sa venue mais sont incapables de donner le créneau horaire.

Un autre élément ne plaide pas en sa faveur : lorsqu'il a touché l'héritage de sa mère et de sa demi-sœur, 100 000 francs (15 244 euros), il a immédiatement investi dans une petite maison. Pareil pour la somme touchée par l'indemnisation des victimes qu'il a également dilapidée pour un voyage de noces avec son épouse, à Venise, en Italie. Michel Villain est incarcéré depuis deux ans et demi et continue de nier son implication. Les gendarmes décident de placer Louis Poirson en garde à vue pour l'affaire Villain et de l'interroger. Ce dernier avoue le double meurtre, innocentant ainsi Michel Villain. Il raconte que ce jour-là, il boit un verre à la terrasse d'un café de Chaufour-lès-Bonnières dans le département des Yvelines. Ce moment de détente est gâché par un chien qui n'arrête pas d'aboyer. Cela l'énerve, il quitte le bar brusquement.

Il se trouve qu'à quelques kilomètres, il y a un cimetière pour animaux : une occasion de se venger de ce chien qui l'a dérangé. Sur place, il casse la vitre de la cabane à outils du gardien. Il est surpris par la visite de Jeanine et Monique Villain. Cette dernière, en voyant la vitre cassée, a menacé d'appeler les gendarmes. C'est l'élément déclencheur : Louis Poirson décide de se débarrasser des deux femmes. Il assomme la mère Jeanine avant de neutraliser sa fille Monique en lui ligotant les mains et les pieds. Il place les deux femmes dans le coffre de leur propre voiture et démarre.

Il roule plusieurs kilomètres et déclare s'être arrêté en chemin pour proposer aux deux captives de les relâcher en échange de leur silence. Monique aurait refusé. Louis Poirson emmène donc ses deux captives dans le champ où elles ont été retrouvées mortes. Il a d'abord étouffé Monique, la fille, avec un sac plastique sur la tête. Puis, avec un morceau de bois, il a brisé la nuque de Jeanine, la mère. Il place les deux corps l'un contre l'autre et retourne à la ferme où il travaille. Il se saisit d'un bidon d'essence revient sur les lieux de ses crimes et brûle les corps pour effacer ses empreintes. Avec le véhicule, il se rend ensuite à Paris, roule un peu avant de revenir près d'une voie ferrée de Mantes-la-Jolie pour mettre le feu à la voiture. Il rentre à pied chez lui.

Les gendarmes en sont maintenant persuadés, ils détiennent « un tueur en série ». Pourtant un autre fait mérite d'être clarifié. Lors de la perquisition à la ferme, des bijoux avaient été retrouvés. Ils décident d'interroger les commissariats pour savoir si un vol ou une disparition de personne âgée a eu lieu. Les bijoux appartiennent à une certaine Lucie Pham-Ngoc-Bich, une dame âgée de 73 ans, d'origine asiatique, qui habitait Mantes-la-Jolie. Elle a disparu lors d'une promenade le 28 avril 1999. Tout a été fait pour la retrouver, en vain. Ce sont les proches et Françoise Maricourt, conseillère sociale, qui s'occupait d'elle, qui ont identifié les bijoux. Lucie Pham-Ngoc-Bich était placée sous tutelle.

Une fois de plus, Louis Poirson est extrait de sa cellule du centre pénitentiaire de Bois-d'Arcy, pour être entendu au sujet de la disparition de Lucie Pham-Ngoc-Bich. A la section de recherche de Versailles, une équipe de télévision est présente au même moment pour réaliser un document sur la section. En février 2001, la garde à vue de Poirson va donc être filmée dans son intégralité. Les gendarmes lui expliquent la raison de ce nouvel interrogatoire. Il déclare n'avoir rien à dire. Quant aux bijoux, il les a trouvés. Louis Poirson regarde les gendarmes dans les yeux, déclarant : « Si tu as des éléments, tu me les amènes, sinon je n'avoue pas ! ». Les enquêteurs avancent donc que la vieille femme habitait une résidence pour personnes âgées et qu'elle avait l'habitude de se promener chaque après-midi. Au bout de la rue se trouve la route que Louis Poirson emprunte chaque jour pour aller travailler.

Il a sans doute rencontré Lucie Pham-Ngoc-Bich, comme il a rencontré Charlotte Berson. Les enquêteurs utilisent alors la même méthode : « Et si ce jour là tu as utilisé la voiture de ta compagne ? Si on retrouve des traces, elle pourrait avoir des ennuis ! ». Une fois de plus, pour protéger sa compagne, Louis Poirson avoue. Lucie Pham-Ngoc-Bich est morte, il l'a enterrée à la ferme. Un déplacement sur place est organisé le jour même. Louis Poirson indique aux gendarmes l'endroit précis où se trouve le corps.

Les gendarmes aidés d'une pelleteuse retrouvent le crâne de la femme après seulement deux coups de godets. Une fois de plus, Louis Poirson plaide l'accident. En voiture, Lucie Pham-Ngoc-Bich a ressenti le besoin d'aller aux toilettes. Louis s'arrête sur un parking. Quelques gouttes d'urine sur le siège le mettent dans une colère noire. Il pousse la vieille dame qui ne se relève pas. Finalement, il avoue avoir ramené Lucie Pham-Ngoc-Bich à la ferme, encore vivante. Une nouvelle dispute éclate. Cette fois, Louis Poirson l'a étranglée. La garde à vue a été filmée par la journaliste Michèle Fines, grâce à différentes autorisations qui sont extrêmement rares, celle du juge d'instruction, du commandant de la section de recherche et du procureur. À l'origine il devait s'agir simplement d'un reportage sur le travail de la Section de Recherche.

Le 23 septembre 2002, s'ouvre le procès de Louis Poirson devant la cour d'assises de l'Eure, à Evreux. L'homme est d'abord jugé pour les meurtres de Jeanine et Monique Villain. Dans la salle, Michel Villain, un temps soupçonné, est également présent. Il attend de ce procès une complète réhabilitation par les aveux de Poirson. La première journée du procès est consacrée à l'étude de personnalité de l'accusé.

La première à parler est sa compagne, Chantal, celle dont il utilisait la voiture. Elle est plus âgée de 14 ans, peu de relations intimes entre eux. Il s'agissait plutôt d'un rapport de mère à fils. Son témoignage apporte que Louis Poirson qui a commis ce qu'il y a de pire, peut aussi apporter le meilleur. Elle n'a jamais imaginé que son compagnon puisse être un « tueur en série ». C'est un homme affectueux qui offre des fleurs, très tendre avec les enfants. Puis, vient l'examen des faits. Une fois de plus, Louis Poirson explique ce qui s'est passé au cimetière pour animaux mais sans pouvoir expliquer pourquoi. Son emportement pour une telle rage au sujet d'un chien, « la pierre ça coute cher ». Tant d'amour de la part de ces femmes pour un animal, alors que lui n'a jamais eu dans son enfance le moindre témoignage d'amour ni de considération. Comme le rappelle Michèle Agrapart-Delmas, l'expert psychologue, lors de son témoignage, c'est sans doute ce manque qui déclenche sa colère et son acharnement sur les deux femmes. Pourtant, tout au long du procès, on ne ressent chez l'accusé aucun remord, ni sentiment de culpabilité.

A l'issue du procès, l'avocat général Aude Le Guilcher, requiert la prison à perpétuité assortie d'une période de sûreté de 22 ans. C'est le maximum prévu par les textes. Sans surprise, Louis Poirson est condamné le 26 septembre 2002 à la prison à perpétuité. La peine de sûreté n'a pas été retenue. Un peu plus de deux ans plus tard, c'est un autre procès qui s'ouvre.

Le 2 février 2005, le procès de Louis Poirson débute à la cour d'assises des Yvelines à Versailles pour les assassinats de Lucie Pham-Ngoc-Bich et de Charlotte Berson, le viol d'Adeline et l'enlèvement et la séquestration d'Adèle. En 20 ans, c'est son troisième passage devant les assises. Par son visage, Louis Poirson parait comme blasé. Il demeure froid, ne déclarant que la haine de sa mère qui ne l'a jamais protégé lorsque son père le battait. Il demeure convaincu que ses parents ne l'ont pas aimé. Il déclare que l'une de ses victimes ressemblait à sa « vieille » (sa mère), c'est pour cette raison, entre autres, qu'il a tué Charlotte Berson.

Les grands criminels 10

Les révélations sur son passé n'émeuvent pas l'auditoire. L'enquête menée par l'instruction ne révèle pas de problèmes particuliers. Au procès, Louis Poirson se retrouve face à certaines de ses victimes comme Adèle qui vient témoigner à la barre. Poirson n'a jamais nié ses actes. Devant la cour il a tout reconnu, ce qui est particulièrement bénéfique pour les victimes. Il n'y a rien de pire qu'un accusé qui ne reconnaît pas, c'est un élément important de leur reconstruction.

Malgré ses aveux, Louis Poirson déclare qu'à chaque fois, il ne voulait pas. Ce sont les événements qui le poussent à commettre les faits. Il regrette ce qu'il fait mais dit qu'il n'y peut rien. Il explique ses gestes uniquement par l'humeur du moment, la contrariété qui le fait sortir de lui ou la ressemblance avec une personne qui l'a trahi ou malmené. Il tue sur un coup de sang. Appuyé par les experts psychiatres, la cour est persuadée d'avoir à faire à un prédateur qui prémédite ses crimes. Les attaques sont toujours perpétrées sur des trajets ou des routes qu'il connaît parfaitement, contre des personnes vulnérables dont il est assuré d'avoir le dessus. Pour l'accusation, le hasard n'y est pour rien. La cour rappelle également la pièce parfaitement aménagée dans la ferme pour séquestrer les femmes.

Les enquêteurs et les psychiatres sont persuadés que Louis Poirson a commis d'autres meurtres. La présidente du tribunal ose demander à l'accusé si selon lui, il a déjà commis le meurtre parfait ? Elle n'obtient aucune réponse. Vient alors le réquisitoire. Marie-Thérèse de Givry, l'avocate générale, demande la même peine qu'à Evreux, la prison à perpétuité avec 22 ans de sûreté. Cette fois, les jurés suivent les réquisitions. Poirson est condamné, le 4 février 2005, à la réclusion criminelle à perpétuité, assortie d'une période de sûreté de 22 ans. A 43 ans Louis Poirson aura passé l'essentiel de sa vie en prison...

Les grands criminels 10

1995 - Lylian LEGRAND

Nous sommes à Lille, la capitale des Hauts-de-France dans le département du Nord, à proximité de la frontière belge. Le 24 mai 1995, c'est la veille du jeudi de l'ascension. Karine, la co-locataire de Stéphanie, vient chercher ses affaires pour rentrer dans sa famille près de Saint-Omer, située à plus de 60 kilomètres de Lille.

Elle est accompagnée de son beau-frère Lylian Legrand et du frère de celui-ci, lorsqu'ils arrivent devant la porte. Ils constatent qu'une clé a été cassée à l'intérieur de la serrure, ils prennent la décision de fracturer la porte pour entrer à l'intérieur. Au premier abord, rien n'a été déplacé. Ils mangent un yaourt et fument une cigarette. C'est lorsque Karine veut préparer ses affaires de toilette qu'elle constate la fermeture de la porte de la salle de bains. Les jeunes défoncent la porte et découvrent le corps de Stéphanie Fauviaux.

Le corps est appuyé par les fesses sur le rebord de la baignoire, la tête en partie immergée dans l'eau. Elle porte un peignoir ouvert. Elle est donc presque entièrement dévêtue. Les jeunes gens se saisissent d'une couverture pour couvrir le corps et préviennent Police-secours pour qu'ils se rendent au 52, rue Faidherbe, au 5ème étage. Il est alors 17h00. Une fois sur place, la Police Technique et Scientifique (PTS) se dirige immédiatement vers la salle de bains où se trouve le corps de la victime âgée de 18 ans. Les premières constatations font apparaître plusieurs hypothèses, un accident, un suicide ou le meurtre à la suite d'un cambriolage qui a mal tourné.

Les empreintes sont relevées, des photos sont prises, aucune trace de lutte. Un poil est trouvé au niveau du ventre de la jeune fille, il est prélevé immédiatement par Daniel Skrobala de la police scientifique de Lille, car depuis quelques temps on parle de plus en plus des empreintes ADN, même si le procédé en est encore à ses débuts. Lorsque le médecin légiste arrive sur place, il constate un traumatisme crânien. La possibilité d'un crime vient tout de suite à l'esprit des enquêteurs. Les conclusions de l'autopsie vont révéler trois fractures crâniennes et des traces de strangulation qui sont les principales causes de la mort. Cette fois, l'hypothèse d'un crime est confirmée.

C'est Valérie Fauviaux, la sœur de Stéphanie, qui est avertie la première de la mort. Elle décide de prendre sa voiture pour aller prévenir ses parents qui sont partis dans leur caravane, en vacances dans la commune du Tréport, située dans le département de la Seine-Maritime. C'est un véritable bouleversement, les parents se trouvent totalement perdus. Ils ne parviennent pas à joindre Fabrice, le grand-frère parti en discothèque ce soir-là. Lorsqu'il apprend la nouvelle, il est pris de remords pensant que sa sœur était déjà morte pendant qu'il s'amusait. Devant la détresse du père, les enfants lui demandent de ne pas se rendre reconnaître le corps. Mais contre leur avis, il se rend à l'Institut Médico-légal (IML) de Lille espérant jusqu'au dernier moment qu'il s'agisse de quelqu'un d'autre.

Véronique Rhuguet, la meilleure amie de Stéphanie, apprend sa mort quand sa mère pousse un hurlement en lisant l'article dans la presse. Personne ne voit qui pouvait en vouloir à la jeune Stéphanie, originaire de La Luzerne dans le département de la Manche. Sa mort parait inconcevable. Véronique Rhuguet et Stéphanie Fauviaux se sont connues au collège et sont devenues amies depuis la classe de 6ème. Elles ont eu toutes les deux une jeunesse simple mais heureuse, avec pleins de bons souvenirs. Le père de Stéphanie travaille dans la papeterie de La Luzerne où il est contremaître, la mère est couturière et travaille dans un magasin de Saint-Omer. Les parents se sacrifient pour leurs enfants afin de leur offrir le meilleur des vacances en visitant chaque année un joli coin de France.

Avec une caravane et une toile de tente pour les enfants les vacances étaient agréables et très familiales. En hiver, ils emmenaient la progéniture aux sports d'hiver, ils vivaient comme des rois. Stéphanie était une jeune fille qui aimait les autres et la vie par-dessus tout. Toujours le sourire avec une tête de clown, il suffisait de la regarder les jours de peine pour se mettre à rire. Stéphanie aime communiquer sa bonne humeur. Loin d'être volage, elle était plutôt « fleur bleue », très romantique, elle rêvait de trouver l'homme idéal, le prince charmant.

A l'âge de 16 ans, elle rencontre Vincent qui était venu à la fête foraine. Un amour fou va naître entre eux. Stéphanie est très studieuse, elle est en études universitaires de mathématiques, très contente de partir à Lille en colocation avec Karine, une copine de classe du lycée. L'enquête démarre de manière classique avec l'examen de son entourage et de Karine sa co-locataire, la dernière personne à l'avoir vue vivante. Les enquêteurs, lors de l'examen de l'appartement, s'aperçoivent rapidement que des affaires appartenant à Stéphanie ont été dérobées, des vêtements, sa carte bleue et des habits, ce qui les orientent vers un crime crapuleux ou un cambriolage qui a mal tourné. Cette piste est rapidement écartée car la porte d'entrée n'a pas été fracturée et la clé dans la serrure a été cassée à partir de l'intérieur. On pense plus à une mise en scène pour faire croire au cambriolage.

Les soupçons se portent sur Karine, car seules les affaires de Stéphanie ont été dérobées. Une mésentente naissait entre les deux jeunes filles. Stéphanie aimait recevoir dans la colocation, alors que Karine restait solitaire et réservée. Vivre ensemble est difficile avec des caractères différents, c'est ce que les jeunes filles vont découvrir. Karine agaçait surtout Stéphanie par les petites attentions qu'elle avait envers son copain Vincent, lui ramenant ses confitures préférées et des petits cadeaux. Karine sera placée en garde à vue à trois reprises et entendue en interrogatoire huit fois. Pourtant la jeune fille, qui tient tête, a un alibi. Au moment des faits, elle passait des examens.

Lors de l'enquête, une analyse toxicologique est faite sur Stéphanie. Le premier résultat révèle des traces de tranquillisants et de codéine, le second présente des traces de molécules qui font penser à une prise d'héroïne reçue entre 02h00 et 03h00 avant le décès de Stéphanie. Les enquêteurs pensent alors à une possible dette envers un dealer, contredite par la famille de Stéphanie. Quelques semaines plus tard, une équipe cynophile de policiers se rend à l'appartement pour savoir si l'un des chiens marque la présence de stupéfiants à un endroit. Aucune trace n'est retrouvée dans les différentes pièces. À la demande de la famille de nouvelles analyses sont effectuées qui prouvent que Stéphanie ne se droguait pas mais a reçu certaines molécules le jour de sa mort, peut-être par son assassin.

La piste de la drogue écartée, les enquêteurs se concentrent sur le poil pubien retrouvé sur le corps de Stéphanie. La police scientifique en extrait un ADN masculin. De nombreux tests sont faits auprès de l'entourage de Stéphanie en élargissant petit à petit le cercle des connaissances. Les comparaisons demandent des semaines, parfois des mois et reviennent à chaque fois négatives.

Les enquêteurs essaient de reconstituer la journée du crime. Le matin, Karine se prépare pour se rendre en cours. Stéphanie qui ne commence qu'à 09h00 s'est sans doute fait couler un bain avec de l'eau très chaude. Il est probable qu'une personne a sonné à la porte, quelqu'un qu'elle connait car Stéphanie est très peureuse. Lors de l'attaque supposée, on pense que Stéphanie n'a pas eu le temps de placer de l'eau froide dans la baignoire, car son corps était ébouillanté. Tout le monde pouvait être impliqué et l'entourage commence à soupçonner tout le monde, malheureusement. Véronique Rhuguet, sa meilleure amie, se souvient avoir même dressé une liste des personnes qui venaient aux fêtes organisées par Stéphanie. Il y avait Lylian Legrand, le beau-frère de Karine, dont cette dernière se plaignait parfois de ses allusions ou attouchements basés sur la plaisanterie. Toutes les excuses étaient bonnes pour venir récupérer des affaires pour Karine. Stéphanie n'aimait pas se retrouver seule avec lui.

Lylian Legrand est interrogé mais pas suspecté. Son épouse déclare qu'il était à Lens, situé à 40 kilomètres de Lille, avec elle jusqu'à 09h00 et qu'ensuite il est parti effectuer des travaux chez ses parents. Le père de Lylian déclare que son fils est resté toute la matinée avec lui. La comparaison du poil pubien est négative, la piste est donc abandonnée. Le temps passe et aucun suspect n'est désigné, la famille de Stéphanie, dont sa mère en première ligne, décide de mener sa propre enquête en notant chaque élément qui lui revient en mémoire, telle une véritable enquêtrice qui donne les éléments à la police.

Pour la mère de Stéphanie cela représente le combat de sa vie. Tout est bon, y compris le moindre élément, pour éviter que l'enquête soit classée. Tout le monde se mobilise, de nombreux tracts sont distribués sur le campus, pour inciter les personnes possédant des informations à se manifester. L'année suivante, la mère participe à l'émission de Jacques Pradel « Témoin numéro un » pour essayer de recueillir des témoignages mais rien n'avance. Les enquêteurs et la presse ne lâchent pas l'affaire et s'arrangent pour la placer régulièrement sur le devant de la scène. Personne n'a envie de baisser les bras pour cette affaire qui peine à être résolue. Le public est touché par la famille Fauviaux, des ouvriers moyens qui ont perdu leur fille, le soleil de leur vie.

L'enquête piétine et, en 2007, la brigade criminelle décide de réentendre toutes les personnes présentes au moment des faits. Les policiers s'intéressent à un étudiant en mathématiques, plus âgé, environ 30 ans, qui à l'époque s'était montré un peu entreprenant avec une réputation de petit magouilleur. Il était déjà venu à l'appartement pour participer à une fête avec l'ami d'un ami. Il avait même proposé à Stéphanie de lui donner des cours particuliers. Son alibi à l'époque était confirmé par sa femme qui était avec lui le jour du crime. Réinterrogée, sa femme, cette fois, dément qu'elle se trouvait en sa compagnie. L'homme est alors soupçonné.

L'étudiant en mathématiques est mis en examen pour homicide volontaire. Il évite la détention provisoire et n'est placé que sous contrôle judiciaire, ce qui est particulier dans ce type d'affaire. Le juge d'instruction avait peu d'élément, pas de preuve matérielle et sans doute quelques doutes. Alors pourquoi cette mise en examen ? Après quelques investigations, le jeune étudiant est mis hors de cause en 2008. La famille recommence à espérer sans perdre sa détermination de connaître la vérité. Les liens familiaux se resserrent encore plus, tout comme ceux des amis de Stéphanie qui continuent d'apporter leur soutien. Il faut attendre encore quatre ans pour que l'enquête rebondisse sur un autre suspect, beaucoup plus crédible.

En 2012, le juge d'instruction décide de saisir la Police Judiciaire (PJ), dix-sept ans après les faits. Toutes les pièces du dossier sont transmises comme les pelures des procès-verbaux dont certaines sont difficile à déchiffrer des années après. A l'époque, la police urbaine de Lille ne possédait pas de téléphone portable, ni des moyens techniques que la police judiciaire possède aujourd'hui. Le juge d'instruction décide de soumettre à expertise le peignoir que Stéphanie portait le jour de l'agression conservé aux scellés.

L'analyse permet de retrouver un ADN non contenu dans le dossier d'enquête. Une empreinte masculine laissée sur la partie extérieure du peignoir au niveau du coude mélangé avec le sang de Stéphanie, ce qui laisse peu de doute quant à l'identification du coupable. L'ADN matche également avec un mégot de cigarette retrouvé le jour du meurtre de Stéphanie correspondant à l'un des frères Legrand. Lorsque l'empreinte est attribuée de manière certaine à Lylian Legrand, la famille est réunie. Un soulagement se fait sentir avec une victoire pour ces années d'espérance et de combat. Le nom divulgué n'étonne personne, chacun y a pensé à l'époque. Toutefois la première analyse à partir du poil pubien s'est avérée négative, même si le doute subsistait. La famille avait préféré continuer d'avancer pour ne pas se raccrocher à une piste qui n'avait rien donné.

Lylian Legrand, depuis quelques années, a une femme et deux filles, mène une vie bien rangée dont le profil ne peut pas laisser penser à un meurtrier. Lylian est gendarme et informaticien. Il est passé dans les services de la garde républicaine. Il est bien noté et a reçu, à plusieurs reprises, des lettres de félicitations. Lylian est très apprécié par ses collègues et sa hiérarchie, inconnu des services de police et de justice. Côté vie privée, c'est plus compliqué. Lylian Legrand a plusieurs maîtresses. L'une d'elles explique que son fantasme est de prendre un bain avec elle, ce qui est un peu particulier pour une relation extraconjugale. Dix-sept ans après, la police tient enfin son suspect.

Le 13 novembre 2012, les enquêteurs décident de convoquer Lylian Legrand à 09h00 du matin et de le placer ensuite en garde à vue. Legrand décide de répondre aux questions, refusant à plusieurs reprises la présence d'un avocat, confiant dans ses propos. Lorsqu'il est informé de la découverte de son empreinte ADN sur le peignoir, il demande une cigarette, se penche en avant et déclare : « Je vais vous expliquer ce qu'il s'est passé ! ». Lylian affirme qu'il avait des relations sexuelles avec Stéphanie depuis plusieurs semaines, tout comme ce matin-là dans l'appartement. La relation a été très « Hard » et la jeune femme en perdant l'équilibre s'est heurté la tête contre la baignoire. La jeune femme morte au moment de sa chute a provoqué la panique du jeune amant. Cette version ne correspond pas avec les constatations sur le corps ébouillanté et les traces de strangulation dont Lylian ne fait pas état.

Devant les éléments des expertises communiquées à Lylian Legrand, ce dernier change de version. Il admet avoir eu une attirance pour Stéphanie Fauviaux. Il s'est présenté le matin dans le but d'avoir une relation non consentie avec elle. Il frappe à la porte et la découvre nue sous son peignoir. Il veut avoir une relation sexuelle avec elle et lui demande de prendre un bain avec elle, ce qu'elle refuse. Il la maintient de force, la jeune femme trébuche en arrière et tombe dans la baignoire. Afin de maquiller la scène, il l'étrangle pour faire penser à un cambriolage qui aurait mal tourné.

A la fin de la garde à vue, il laisse un mot à l'attention de son épouse pour faire part de ses regrets, lui demandant de dire aux enfants qu'il a fait une grosse bêtise. Il ajoute que, désormais, elle connaît la raison de ses insomnies. Il aurait voulu lui en parler à plusieurs reprises, n'en a jamais eu le courage et termine sa lettre pour affirmer son amour à son épouse. C'est cette lettre qui va signer définitivement sa culpabilité vis-à-vis des enquêteurs. Reste désormais à déférer le suspect au parquet avec sans doute une mise en examen. La famille est soulagée, ses efforts n'ont pas été vains. Il reste pourtant une épreuve de taille, le procès qui, les proches l'espèrent, les aidera à faire leur deuil.

En 2016 s'ouvre le procès devant les assises du Nord, à Douai. Dès le début des débats, Lylian Legrand change radicalement de stratégie et nie les faits qui lui sont reprochés. Il ne cesse d'affirmer que, ce matin-là, il effectuait des travaux chez ses parents. Pour justifier ses précédents aveux, il met en cause « la pression des enquêteurs » et « une mauvaise stratégie de défense ». Hormis ses aveux et les traces d'ADN retrouvées sur le peignoir de la victime, un autre élément pèse sur l'accusé : une lettre écrite à sa femme lors de sa garde à vue où il dit ses « regrets ».

Aujourd'hui, il ne sait plus pourquoi il a écrit ça : « Ouais, putain, c'était suicidaire, j'ai un peu les boules, voilà ! », résume la densité des explications qu'il donne à la présidente de la cour, Vinciane De Jongh, sur ses aveux. L'avocat général, Luc Frémiot, renonce à lui poser des questions sur ce nouveau revirement et estime que dans ce procès il n'y a pas beaucoup de place au doute. Il décrit un accusé « froid » avec « une absence totale de sensibilité ». Lylian Legrand, fils d'un père électricien et d'une mère au foyer, est présenté majoritairement par son entourage comme un « bon père de famille », « serviable », mais aussi comme un homme « infidèle », pouvant être aussi un « manipulateur ». Impossible pour la cour d'assises d'ignorer les preuves accablantes de la police scientifique qui viennent appuyer ses aveux faits au commissariat et chez le juge d'instruction.

Lors du procès, le témoignage de madame Mélanie Monges, gendarme et collègue de Lylian Legrand, fait froid dans le dos. Elle raconte avoir connu l'accusé en 2009-2010 dans la commune de Rosny-sous-Bois située à l'est de Paris, dans le département de la Seine-Saint-Denis. Au sein de la caserne ils étaient cinq en colocation. Lylian harcelait la colocataire de Mélanie lorsqu'elle se trouvait seule et trouvait toujours le moyen de venir boire un café de manière intempestive. Une autre fois, complétement nu, il faisait des allers et venues entre son salon et le balcon juste en face de la chambre de la colocataire de Mélanie. Les deux femmes ont tout de suite pensé qu'il avait un problème avec le sexe.

Mélanie Monges apprend en 2012 que son collègue Lylian a été mis en examen pour un meurtre, avant son entrée dans la gendarmerie. Elle décide de se renseigner un peu plus sur l'affaire et fait le rapprochement avec les visites intempestives qu'il faisait à l'époque de Rosny-sous-Bois et se dit au fond d'elle que sa colocataire de l'époque l'a échappé belle. Des souvenirs qui lui font froid dans le dos. Après les réquisitions de l'avocat général, l'avocate de Lylian, maître Alice Cohen-Sabban, essaie d'attirer l'attention des jurés sur les possibles erreurs des ADN de contact. Mais le comportement passé de son client et ses multiples versions ne plaident pas en sa faveur. Ainsi, le 14 octobre 2016, Lylian Legrand est condamné à 30 ans de réclusion criminelle et fait appel.

Le procès en appel se déroule devant la cour d'assises du Pas-de-Calais, à Saint-Omer. Comme lors du premier procès, Lylian Legrand nie tout en bloc dès le premier jour, avec les mêmes arguments et la même défense, assurée cette fois par maitre Dupont-Moretti. L'avocat général, Luc Frémiot, requiert les même 30 ans de réclusion criminelle en ajoutant une interdiction de port d'armes pendant 5 ans. Il dénonce l'indécence de l'accusé en déclarant : « Je vous le dis monsieur Legrand, vous êtes un criminel ». Sans surprise, le 20 décembre 2017, la cour d'assises confirme la peine prononcée en première instance. Lylian Legrand ne fera jamais d'aveux lors de ses procès, privant la famille de connaître les derniers instants de leur fille Stéphanie. C'est sans doute ce qui va peser lourd dans la reconstruction…

Les grands criminels 10

1998 - Mohamed FALEH

Nous sommes le 17 novembre 1998 dans l'est de la France à Belfort, situé dans le département du territoire de Belfort, seule partie d'Alsace à n'avoir pas été rattachée à cette province après le premier conflit mondial et qui accède au statut de département en 1922. Les policiers sont appelés par une habitante du quartier des résidences, en lisière de la ville.

La femme a découvert, par hasard, le corps d'une victime sur le parking qui accueille généralement le marché. Il s'agit d'un homme allongé sur le ventre, à proximité une grande flaque de sang qui laisse supposer que le corps a été déplacé. Les premières constatations font état d'un homicide réalisé avec une violence extrême. Un acharnement se révèle avec plusieurs traces de coupures sur le crâne, le cou et le bas de la nuque. Cette dernière, plus large que les autres, fait penser à une tentative de décapitation. Autour du corps lacéré, dans la haie charnue qui longe le cimetière, les policiers recueillent de précieux indices.

Ils prélèvent une hache, ensanglantée sur le manche et la partie métallique. Elle ne ressemble pas à un outil servant à abattre des arbres, plutôt une petite hachette servant à refendre une seconde fois le bois d'allumage destiné aux cheminées. Avant l'autopsie, les policiers observent que les blessures de la victime peuvent correspondre avec l'outil retrouvé. La hachette est immédiatement placée sous scellé avec toutes les précautions d'usage. Un homme tué avec une hachette en pleine ville, cela semble incroyable, pourtant ce n'est pas la seule arme que le meurtrier semble avoir utilisée.

Les policiers, lors de la fouille des lieux, trouvent également un couteau ensanglanté. Assez grand, d'une longueur de 26 cm, qui a sans doute été utilisé dans la tentative de décapitation de la victime. C'est donc deux armes qui ont été abandonnées à même la scène de crime. Le meurtrier a peut-être été dérangé dans son entreprise, ce qui explique le travail inachevé et sans doute l'abandon des outils sur les lieux. Ces deux découvertes sont complétées par des débris de photos et des négatifs trouvés à quelques mètres de la victime. En quête de témoins, les policiers commencent par interroger un routier qui a dormi cette nuit-là à 30 mètres de la victime. Le routier n'a rien entendu et n'a été réveillé que par les enquêteurs arrivés le matin.

De l'autre côté du parking, l'avenue Kennedy est longée par une rangée d'Habitation à Loyer Modéré (HLM). Personne n'a rien vu, ni entendu. Il faut dire qu'en cette période, il fait froid et les habitants sont souvent enfermés chez eux, les fenêtres fermées. A la fin de la journée, les policiers en savent un peu plus sur la victime déjà identifiée grâce à une pièce d'identité qui se trouvait dans la poche de son blouson. Il s'agit d'un certain Mohamed Sellami qui n'habitait pas Belfort mais Sochaux, une ville du département du Doubs située à 20 kilomètres. Mohamed Sellami est un jeune retraité de 67 ans qui a tenu le bar du Commerce pendant plus de 20 ans.

L'autopsie pratiquée permet de déterminer le jour et l'heure de la mort. Le 16 novembre 1998 avant minuit, Mohamed Sellami reçoit plus de dix coups à la tête avec la hachette, accompagnés de deux plaies profondes à la nuque, faites avec le couteau retrouvé aussi sur le lieu du crime. Selon le légiste, la victime se trouvait debout, elle a été frappée par son agresseur avant de tomber à genoux. Après l'acharnement avec la hachette, l'agresseur a retourné le corps de sa victime pour tenter une décapitation avec le couteau. Sellami n'a pas eu le temps de se défendre. Aucune lésion de défense sur ses mains ou sur ses bras. Il a sans doute été surpris par l'attaque, le privant de toute riposte. Pourtant, aucune empreinte digitale sur la hachette ou le couteau. Pas plus d'ADN, car rappelons qu'à l'époque la technique en était encore qu'à ses balbutiements. Les policiers se plongent donc, dans la vie de la victime.

Mohamed Bellami est arrivé en France très jeune, issu d'une famille de commerçants, il a effectué son service militaire en Allemagne. Une fois bien installé, il a fait venir sa femme et ses neufs enfants dans les années 1970 où l'économie était florissante et le travail ne manquait pas. Du monde dans le café, tous les soirs avec les ouvriers de la « Peuge » (Peugeot) comme on dit à Sochaux. Une vie tranquille jusqu'au soir du 16 novembre 1998. Il faut découvrir pour quelle raison Mohamed serait monté à Belfort après la fermeture de son bar et qui lui avait servi de taxi, car Sellami n'avait pas le permis.

Les déplacements étaient toujours faits avec des copains ou des copines que Mohamed Sellami avait à profusion. Elégant et bon vivant, il restait toujours discret sur ses virées nocturnes. Il rencontrait à Belfort quelques femmes galantes, habituées à pigeonner les hommes à la recherche de relations souvent éphémères. Et si cette double vie était la clé du meurtre ? Un rival jaloux qui aurait fait le ménage à coups de hachette ? Mais à la piste passionnelle s'en ajoute une autre, Mohamed se promenait toujours avec l'essentiel de son argent dans sa poche : 20 000 francs (environ 3 050 euros), un véritable coffre-fort ambulant. Cet argent en liasse de 500 francs (76 euros) était conservé en rouleau dans la poche arrière de son pantalon. Selon sa femme, il en avait une, le jour du meurtre. Pourtant les policiers n'ont trouvé que peu d'argent sur le corps.

Les enquêteurs se rendent dans les bars que fréquentait Mohamed Sellami. Grâce aux négatifs retrouvés près du corps ils font des découvertes intéressantes. Deux personnes sur l'un des négatifs sont reconnues par une tenancière de bar. La première : Miassa, qui habite tout près de la scène de crime. C'est une bonne amie de la victime. La police décide donc de lui rendre visite.

Dans l'appartement, les policiers vont découvrir une photo de groupe présente sur le négatif, sans Mohamed Sellami. Miassa nie avoir participé au crime. Sur place des chaussures sont également trouvées avec des tâches assimilées à du sang. Un jean est aussi trouvé avec les mêmes tâches sur le bas des jambes. Miassa est placée en garde à vue pendant que les policiers vont chercher son petit ami. Le compagnon de Miassa est interpellé avec une somme d'argent en billets de 500 francs présentant des taches brunes qui sont analysées. Le compagnon signale qu'il lui arrive d'effectuer des travaux de maçonnerie « au noir » et que le client le paie en espèces. Lorsque les résultats des analyses sur le Jean, les chaussures et les billets reviennent, elles concluent simplement à des tâches de peinture rouge. Le client du compagnon confirme bien avoir payé les travaux demandés avec des billets de 500 francs. En ce qui concerne la présence des négatifs sur la scène de crime, Miassa n'a aucune explication. Elle est relâchée avec son compagnon.

Après 4 mois d'enquête, les policiers sont dans le flou total, jusqu'au 3 mars 1999 où un nouveau meurtre est découvert. C'est une brigade de Montbéliard qui reçoit l'ordre de se rendre rue du général Leclerc, à Sochaux. Un client, Amane Benmahdi, surnommé « Max », s'est réfugié au café du Commerce appartenant aux Sellami. Il déclare qu'il vient de se faire agresser dans la rue à coups de hache. Amane souffre de plusieurs blessures importantes à l'arrière du crâne, d'environ 10 centimètres, une autre au niveau du front de 8 centimètres.

Muet devant les policiers, Amane Benmahdi dit « Max », a toutefois livré des indications sur son agresseur aux propriétaires du bar. Il a ciblé un surnom : « Bouraba », donné à un certain Mohamed Faleh, un ouvrier fondeur de l'usine Peugeot de Sochaux, âgé de 55 ans. C'est un habitué du café du Commerce. « Bouraba » est en fuite et demeure introuvable depuis l'attaque portée contre « Max ». Mohamed loge dans un appartement situé au-dessus d'un café voisin. Lorsque les policiers pénètrent dans le couloir, ils aperçoivent les premières traces de sang. En suivant les gouttes ils arrivent à la porte d'un appartement, une flaque de sang plus importante s'écoule sous la porte. En pénétrant dans l'appartement, les indices découverts font douter de la version de Max.

Une casquette de sport qui présente deux entailles au niveau de la coiffe, des cheveux noirs. Pour les policiers, l'agression a eu lieu à l'intérieur de l'appartement et non pas dans la rue. Le lendemain, Amane Benmahdi surnommé « Max » est de nouveau interrogé sur son lit d'hôpital. Toujours choqué, il n'en démord pas, il a bien été agressé dans la rue. Les policiers émettent la piste d'une bagarre entre deux individus, même si l'utilisation d'une hache est peu commune. Deux jours plus tard, Said Sellami, le fils de Mohamed qui a repris le café du Commerce, décide de se rendre à la police de Belfort pour donner son sentiment sur un lien entre l'attaque de Max et la mort de son père. Il connaît Mohamed Faleh, un ancien locataire d'une chambre au-dessus de son bar, qu'il a été obligé de faire partir à cause d'impayés de loyer. C'est pour cette raison qu'il est devenu locataire du café voisin.

Les policiers de Belfort se trouvent fortement intéressés par cette histoire de hache. Voilà 4 mois qu'ils n'ont rien, il est impossible pour eux de laisser passer l'hypothèse d'un suspect. Mohamed Faleh est maintenant dans le viseur de deux services de police. Même en utilisant le surnom « Bou Rabah », Mohamed est introuvable, pas plus aux établissements Peugeot que dans les bistrots voisins ou dans certains foyers d'hébergement où il lui était arrivé de séjourner. Ses connaissances et ses amis ne l'ont pas vu depuis plusieurs jours. Pourtant les policiers de Montbéliard n'en n'ont pas fini avec cette histoire de hache.

Le 5 mars 1999, deux jours après l'attaque de Max, les policiers reçoivent l'appel paniqué d'un habitant de Sochaux. Un corps est retrouvé dans une benne à gravats d'une maison en cours de rénovation. Arrivés sur place les policiers trouvent une jambe humaine sortant d'un sac poubelle. Plusieurs autres sacs représentent les restes d'un corps humain dans sa globalité. Il s'agit d'un homme démembré et empaqueté dans cinq grands sacs poubelles, méticuleusement noués entre eux et entassés dans un quartier pavillonnaire de Sochaux.

A la morgue de l'hôpital de Montbéliard, les légistes procèdent à un premier examen sommaire. Sur la tête, ils constatent deux blessures profondes causées par un objet contondant assimilé peut-être à une hache. Les policiers font le rapprochement avec l'agression du fameux « Max ». L'homme du sac est rapidement identifié, ses papiers d'identité retrouvés sur lui. Il s'agit d'Abdelkader Chamrouki, âgé de 60 ans, un tout jeune retraité de chez

Peugeot. Sa famille avait signalé sa disparition à la police trois semaines plus tôt. Les proches d'Abdelkader sont choqués d'apprendre dans quelles circonstances le corps a été retrouvé. Ils ont beaucoup de mal, dans un premier temps, à penser à l'impensable.

Selon l'autopsie, Abdelkader Chamrouki a reçu des coups de hache au visage pour être ensuite décapité. Son corps a été découpé post-mortem de façon très nette, avec un couteau de boucher. La tête a été tranchée en dessous de la deuxième vertèbre cervicale. Le médecin légiste qui avait déjà autopsié Mohamed Sellami remarque plusieurs similitudes. Déjà, au niveau de la décapitation de Chamrouki et de la tentative de Sellami, les deux marques sont placées en dessous de la deuxième vertèbre cervicale. Les coups portés sur le visage avec une hache sont faits par un droitier et apparaissent sur le côté gauche des victimes, avec le même mode opératoire. Les policiers de Belfort et Montbéliard pensent alors qu'il s'agit d'un même auteur et donc de Mohamed Faleh.

Le 6 mars 1999 à Montbéliard, les policiers sont aux trousses de Mohamed Faleh, quand, surprise, l'homme débarque au commissariat, tout seul. Il déclare aux enquêteurs qu'il a appris être recherché pour cette histoire de bagarre avec Amane Benmahdi dit « Max ». Il ne sait pas encore qu'on a aussi retrouvé le corps d'Abdelkader Chamrouki. Placé immédiatement en garde à vue, Mohamed

Faleh raconte comment sa soirée avec « Max » s'est terminée à coups de hache. Mohamed se présente comme l'agressé dans cette histoire. Amane Benmahdi, dit « Max », aurait pénétré dans son appartement pour l'agresser. En poussant la porte il a trébuché, la hachette qu'il avait à la ceinture est tombée, Mohamed l'a ramassée pour lui porter deux coups au visage afin de se défendre, provoquant la fuite de « Max ».

Pour les policiers il est peu probable qu'un agresseur qui a réussi à s'enfuir, blessé, prévienne la police pour avoir attaqué un homme chez lui qu'il ne connaissait pas et dont il n'avait aucune raison de lui en vouloir. Pourtant Faleh s'en tient à cette version, il a agi en état de légitime défense. L'homme est d'un calme total et ne montre pas la moindre émotion. Les policiers sont habitués aux contradictions dans ces histoires de bagarre : deux personnes et toujours deux versions. Ils sont persuadés que « Max » est la victime, mais que ce dernier ment. Les enquêteurs décident donc de le placer également en garde à vue.

En faisant pression, « Max » avoue que Faleh lui a tendu un piège. Mohamed l'a appâté en lui proposant de lui vendre du cannabis à très bon prix. « Max » en commande pour 3 500 francs (534 euros). Mohamed espère que « Max » viendra avec l'argent pour le dépouiller. De son côté, « Max » espère faire une bonne affaire. Trouvant un stratagème pour détourner l'attention de « Max »,

Mohamed Faleh frappe un premier coup à l'arrière du crâne de son acheteur. « Max » se retourne étonné et demande à Faleh ce qu'il fait. Ce dernier lui fait juste signe « chut ! », lui portant un second coup sur le front. « Max » a réussi à se relever pour s'enfuir et prendre refuge au café du Commerce. Il n'a pas parlé tout de suite par peur de représailles liées au trafic de stupéfiants.

Mohamed Faleh demeure silencieux et ne craque pas, restant calme avec une froideur telle que « Max », lors de la reconstitution déclare : « J'ai vu le diable ». Le juge d'instruction, Frederic Baab, décide de mettre en examen Mohamed Faleh, non pas pour tentative d'homicide, mais tentative d'assassinat. Il est immédiatement incarcéré, même si pour lui, les interrogatoires sont loin d'être terminés. Les policiers veulent surtout l'entendre dans l'affaire Abdelkader Chamrouki, celle des sacs-poubelles. Pourtant le suspect n'a pas l'air d'être plus inquiet et reste dans la même attitude que pour sa première garde à vue : le déni, le flou et le silence.

Mohamed Faleh déclare ne pas connaître Abdelkader Chamrouki, mais lorsqu'on lui montre une photo, il déclare : « Ah oui ! je le connais un peu... Il y a une vingtaine d'années, il tenait un bistrot avec une dame, c'est là que je l'ai croisé à plusieurs reprises, mais ne le voyais plus depuis longtemps ». Les policiers sont persuadés de la culpabilité de Faleh, car les sacs-poubelles ont bien été fouillés et regorgeaient d'indices. Un ticket d'un magasin « Super U » retraçant les achats de sacs-poubelles, des litres d'eau de javel et serpillère pour éponger le sang, identique à celle retrouvée dans l'un des sacs, du papier essuie-tout avec des décors de Noël. Lors de la perquisition dans l'appartement de Mohamed Faleh, on trouve des sacs poubelle de la même marque, des bidons d'eau de javel identiques au ticket de caisse, tout comme de l'essuie-tout aux décors de noël.

Mohamed Faleh en reste là, la garde à vue tourne court, retour en prison. Les policiers doivent se contenter de leurs indices et trouver, eux-mêmes, le mobile du crime. Ils commencent leur enquête en fouillant dans la vie de Faleh. Au début, ils reçoivent beaucoup d'éloges au sujet de Mohamed, un homme tranquille qui a quitté sa terre natale du Maroc en 1970, Il avait 26 ans. Comme beaucoup de compatriotes, il vient en France laissant femme et famille pour trouver du travail. C'est ainsi qu'il atterrit à Montbéliard, une ville à la campagne. Il est embauché aux usines Peugeot Sochaux-Montbéliard.

Mohamed raconte notamment à Jean-Louis Bianchi, son chef d'équipe, qu'il possède plusieurs terres au Maroc et que sa femme et ses enfants lui manquent énormément par l'éloignement et leurs absences. L'usine Peugeot est le plus grand site d'Europe avec plus de 40 000 salariés contre à peine 10 000, 50 ans plus tard.

Les grands criminels 10

Autour de l'usine, c'était la vie avec des commerces et des bistrots partout, c'était foisonnant. Une activité aujourd'hui disparue. Mohamed Faleh travaillait de nuit, en fonderie, pour des pièces mécaniques servant à la fabrication des moteurs de voiture. Le travail était très dur avec des températures de 1 500 degrés, mais il y avait une énorme camaraderie et de l'entraide. Jean-Louis Bianchi parle de lui comme d'un ouvrier courageux et consciencieux avec une humeur toujours égale, quelque soit le temps ou la charge de travail.

Entre deux, Mohamed Faleh s'évade de son quotidien grâce à une passion couteuse, le jeu. Mais pas de roulette ou de blackjack, plutôt les bistrots et les tripots clandestins, le poker. Faleh faisait de grandes parties, parfois sa paie y passait. Ce n'était pas un bon joueur, mais il avait un don, il savait tricher. Démasqué par ses partenaires de jeu, Faleh se met à perdre de plus en plus. Il s'endette et doit de l'argent à tout le monde. Il savait comment faire pour emprunter de l'argent mais il était aussi un homme d'honneur et ses créanciers étaient remboursés à la fin du mois.

Une autre addiction va apparaître, tout aussi couteuse, les femmes. Il a recours notamment à ce qu'on appelle des « michetonneuses », des femmes entretenues qui moyennant des petits cadeaux, donnent un peu de tendresse et d'amour. Avec ces deux vices, Faleh s'enfonce dans la spirale de la dette. Les poches vides, l'ouvrier laisse des ardoises partout où il passe. Les policiers trouvent à son domicile un jugement civil pour des dettes qu'il a contractées auprès d'organismes de crédits pour une somme de 150 000 francs (22 867 euros). Mohamed est pris à la gorge, il lui faut de l'argent pour payer ses dettes et nourrir ses addictions. Les prêts se font de plus en plus rares, car Faleh a de plus en plus de mal à rembourser. Comme pour « Max », ce serait l'argent le mobile du meurtre d'Abdelkader Chamrouki.

Juste avant que le corps d'Abdelkader soit retrouvé dans des sacs-poubelles, un client du bistrot avait vu Chamrouki gagner aux courses. Le même témoin dira qu'il a vu aussi Mohamed Faleh lui parler. Reste cependant à trouver la preuve formelle que les deux hommes se sont rencontrés. C'est à ce moment que le juge d'instruction examine la quantité de scellés obtenus lors de la perquisition du domicile de Mohamed Faleh. Frederic Baab isole l'un d'entre eux, le scellé n°22 qui représente une tâche noirâtre retrouvée dans l'armoire qu'il décide d'envoyer aux analyses. Lorsque les résultats tombent, c'est sans appel, il s'agit bien du sang d'Abdelkader Chamrouki. Le juge Frederic Baab décide de prononcer une mise en examen à l'encontre de Mohamed Faleh.

Les soupçons qui pèsent sur Mohamed Faleh s'ébruitent vite au palais de justice de Montbéliard. Tout le monde suit de près l'enquête sur le tueur à la hache et l'affaire réveille les souvenirs d'un juge

Les grands criminels 10

qui exhume l'un de ses vieux dossiers. Il s'agit du meurtre d'une femme de 82 ans, Anna Ratti, qui a eu lieu le 29 septembre 1995 à Audincourt, près de Montbéliard. Le meurtre a été découvert grâce à un jeune garçon qui a laissé échapper son ballon dans le garage de la vieille dame. Voulant le récupérer, il a prévenu les secours lorsqu'il a constaté que la dame au volant était immobile, jambes sorties, et qu'elle ne bougeait plus. On a constaté sept blessures sur le corps, faites avec une arme blanche.

L'arme, un couteau de boucher d'environ 27 centimètres, est retrouvée dans le garage, à peine cachée sous un carton de vêtements. La lame est tachée de sang, elle est identifiée comme l'arme du crime. Dans la voiture, les policiers trouvent un bordereau bancaire de retrait de 15 000 francs (2 300 euros), effectué le jour même à la Banque Nationale de Paris (BNP) d'Audincourt pour payer la pierre tombale de son époux. L'hypothèse la plus probable des enquêteurs est celle d'un client qui a assisté à la remise des fonds dans la banque et qui a suivi madame Ratti.

Les policiers récupèrent les bandes vidéo de la banque et constatent qu'un client entre et sort à deux reprises de la banque pendant la présence de madame Ratti. Ce client, est connu des employés, c'est Mohamed Faleh. Les policiers présentent une photo de l'homme à un voisin de madame Ratti qui avait vu un individu roder dans l'impasse où habitait la personne âgée. Ce dernier identifie aussitôt Mohamed Faleh avec une certaine réticence, en insistant sur le fait que l'individu lui fait très peur. A l'époque Faleh est placé en garde à vue, une première pour lui avant les faits qui lui sont désormais reprochés. Lors d'un nouveau tapissage organisé, le témoin apeuré refuse de le désigner une seconde fois en déclarant : « Je refuse de le désigner » manquant de s'écrouler de peur. Le juge d'instruction, Christian Kulyk, n'a pas d'autre choix que de relâcher Mohamed Faleh, non identifié formellement.

Le 5 février 2001, la donne a changé, car Mohamed Faleh a désormais 3 suspicions de meurtres ou tentative sur le dos : « Max », Sellami et Chamrouki. La justice décide donc de le mettre en examen pour l'assassinat d'Anna Ratti, sans plus d'éléments qu'à l'époque mais avec de fortes présomptions. Un fait majeur va intervenir : un prisonnier, compagnon de cellule de Mohamed Faleh pendant 4 mois, écrit une lettre au procureur de la République pour indiquer que Faleh lui a fait des confidences sur les crimes qu'il a commis, avec un luxe de détails qui l'ont porté à la limite de la nausée. La déclaration est prise au sérieux car certains éléments n'étaient connus que des policiers, la presse en avait été écartée.

L'enquête continue pour trouver des éléments de preuve concrets ou des témoignages dans l'affaire de l'assassinat de Mohamed Sellami. Un collègue d'usine va déclarer avoir prêté sa voiture à Faleh le jour du meurtre. L'aller et retour entre Sochaux et Belfort s'est avéré possible dans le laps de temps avant qu'il ne soit aperçu au bistrot où il avait ses habitudes de jeu. Deux faits particuliers sont signalés : il rembourse une dette avec un billet de 500 francs, ce qu'il ne faisait jamais et reste jusqu'à la fermeture du bistrot. Interrogé sur la provenance du billet, il déclare avoir gagné aux courses. Les vérifications feront la lumière sur un nouveau mensonge. Pourtant la juge d'instruction refuse de le mettre en examen pour l'assassinat de Mohamed Sellami.

Mohamed Saleh a beaucoup de chance dans le dossier de l'assassinat d'Anna Ratti ou celui de Mohamed Sellami. Toutefois il va en avoir beaucoup moins dans ceux de « Max » et Abdelkader Chamrouki. Il est renvoyé devant la cour d'assises pour assassinat et tentative d'assassinat. Le procès s'ouvre le 24 mars 2003, soit quatre ans après les faits.

Les parties civiles d'Amane Benmahdi surnommé « Max » et Abdelkader Chamrouki espèrent beaucoup du procès : obtenir des explications et surtout pouvoir faire leurs deuils. Mais, dès le début du procès, Mohamed Faleh fait bien entendre qu'il n'a pas l'intention de parler et encore moins d'avouer. L'attitude de l'accusé est mal ressentie par « Max » qui continue de vivre comme un rescapé, déclarant au sujet de son agresseur : « Il avait les yeux du diable ! ». Amane Benmahdi tente de convaincre Mohamed Faleh d'avouer ses actes et notamment l'agression dont il a été victime, mais ce dernier continue de nier en bloc insultant même « Max » de menteur, le fixant dans les yeux avec froideur. Il se montre tout aussi détaché lorsque la cour d'assises évoque l'assassinat d'Abdelkader Chamrouki. Pour la goutte de sang retrouvée dans son armoire, Faleh crie au complot, accusant la police de l'avoir placée là. Tour à tour, il accuse tous les membres de la cour de complot, ce qui ne facilite pas la tâche de son avocat, maître Robert Bauer, qui plaide toutefois l'acquittement pour les zones d'ombre restantes.

Après un délibéré de trois heures, la cour d'assises condamne Mohamed Faleh à la prison à perpétuité pour assassinat et tentative d'assassinat, le 28 mars 2003. Mohamed Faleh ne fait preuve d'aucune réaction à l'énoncé du verdict et fait appel. Le verdict est confirmé en 2004 par la cour d'assises de Dijon et alourdi d'une période de sûreté de 22 ans.

Le 24 novembre 2004, Mohamed Faleh retourne devant les assises pour l'assassinat d'Anna Ratti. Il est de nouveau condamné à la réclusion criminelle à perpétuité, le 28 novembre 2004. Il faut attendre le 30 novembre 2009 pour que la famille de Mohamed Sellami voie la mise en examen de Faleh dans l'assassinat du patron de bar. Le procès s'ouvre 17 ans après les faits. Son avocat plaide une nouvelle fois l'acquittement. Le 15 octobre 2015, Mohamed Faleh est de nouveau condamné à la prison à perpétuité pour l'assassinat de Mohamed Sellami sans avoir émis, une fois de plus, les moindres aveux. L'accusé n'a pas fait appel, la condamnation est définitive et non cumulable avec les précédentes…

Les grands criminels 10

2009 - Eric SABATIER & Virginie DARRAS

Nous sommes à Péronne dans le département de la Somme, le 27 février 2001, lorsque Marina voit le jour. Sa mère accouche dans le secret, couramment appelé « accouchement sous X », qui permet à une femme de laisser son nouveau-né aux soins des services de l'Etat et lui donne le droit de demeurer anonyme aux yeux de la société. Chaque année, environ 700 enfants naissent encore, sans filiation, sans identité, sans racine. Marina est une enfant non désirée.

Un mois plus tard, sa mère Virginie Darras récupère son enfant. Elle a renoué des liens avec son père biologique, Éric Sabatier. Leur séparation a commencé durant la grossesse alors que Virginie avait déjà un garçon né d'une précédente union. Avec Éric, Virginie Darras va donner naissance à quatre enfants après la naissance de Marina. Comment expliquer que la petite fille a été victime de violences à répétition depuis son plus jeune âge alors que ses frères n'ont jamais subi le moindre sévice ? Marina est âgée de seulement 1 an lorsqu'elle a son petit doigt tordu. Ses parents déclarent que c'est la chute d'une chaise haute qui en est la cause.

C'est également dans le département de la Somme que Virginie Darras voit le jour, le lendemain de Noël. Alors qu'elle n'est âgée que de six mois, elle est placée en nourrice toute la semaine jusqu'à ses trois ans. La nourrice est une femme sévère qui n'hésite pas à mêler claques sur les mains et fessées en guise d'éducation. Virginie est pourtant une enfant désirée par sa mère qui se marie alors qu'elle est enceinte de six mois. C'est l'aînée d'une fratrie de cinq enfants, quatre filles et un garçon, qui est malheureusement décédé d'un cancer à l'âge de 13 ans. Virginie aime beaucoup son frère et va prendre soin de lui et l'accompagner tout au long de sa maladie.

Les parents de Virginie sont des ouvriers agricoles, ils sont stricts pour le travail et l'éducation mais adorent leurs enfants et font tout pour qu'ils ne manquent de rien. Le père est un idéaliste protecteur avec qui la petite Virginie passe de bons moments. Pourtant, un jour, sans que la petite

Darras ne puisse l'expliquer son père commence à être attiré par la boisson. Dans les mauvais jours où l'alcool fait rage, il lui arrive de battre son épouse pour tout et n'importe quoi. Sans doute dans un accès de lucidité, le père finit par se pendre. Sans doute n'aimait-il pas ce qu'il était devenu.

Pour ce qui est de sa mère, Virginie n'a pas vraiment le souvenir d'une maman aimante. Aucun câlin ou si peu, elle n'a jamais entendu sa maman lui dire : « Je t'aime ! ». Virginie ne manquait de rien, sinon de l'amour de sa mère, sans doute une jalousie vis-à-vis de la complicité qu'elle entretenait avec son père. Ses frères et sœurs avaient tous les droits, mais elle devait rester à la maison, aider sa mère. Se développent de plus en plus des carences affectives et éducatives majeures, une phobie du dehors, des regards, de la foule. Elle souffre d'une anxiété qui remonte à l'enfance. Et une forte « mésestime de soi ». Virginie dira qu'elle a été violée à l'âge de 15 ans, sans jamais révéler l'identité de son violeur. Elle ajoute qu'avant cela elle a subi des attouchements sexuels de la part d'un voisin de ses parents. Elle n'est pas assez proche de sa mère pour le lui dire. Impossible de le dire à son père qui avait déclaré à plusieurs reprises à qui voulait l'entendre : « Si quelqu'un touche un cheveu de mes filles, je le tue ! »

Virginie a une scolarité pour le moins difficile, elle veut devenir auxiliaire puéricultrice et s'occuper d'enfants, mais sa mère qui remplit la fiche de vœux l'inscrit en formation vente. La jeune fille commence donc un Brevet d'Etudes Professionnelles (BEP) avant d'arrêter l'école. C'est à l'âge de 19 ans qu'une dispute éclate avec ses parents. Virginie est chassée du domicile familial et s'installe dans une maison que les parents de son compagnon lui prêtent. En échange elle participe aux travaux de la moisson et aux différentes tâches « au noir » dans l'entreprise du père du compagnon.

Nous sommes au mois de mars 2000, lorsque Virginie donne naissance à un garçon issu de sa relation avec son compagnon et dont le mariage est prévu au mois de juin prochain. Tout est prêt pour les noces, la robe de mariée est déjà achetée. Pourtant, au printemps, Virginie Darras rencontre Eric Sabatier, c'est le coup de foudre immédiat. La jeune femme est attirée par son humour et sa façon de parler. Virginie décide de tout plaquer pour suivre son amant à Nanterre, dans le département des Hauts-de-Seine. A la fin du mois de mai elle est enceinte de Marina et décide d'épouser Eric Sabatier, le 28 octobre 2000.

Au même titre qu'un feu de paille, l'euphorie de cet amour rapide est de courte durée et s'écroule comme un château de cartes. Virginie rêve depuis le début d'acheter une maison, mais s'aperçoit que son mari Eric lui a menti au sujet du prêt bancaire. Son rêve de maison s'écroule brutalement. Elle prend une décision radicale, celle de retourner vivre chez ses parents en déclarant à Eric : « Tu le paieras toute ta vie ! ».

Eric Sabatier n'arrête pas de relancer sa femme pour reprendre la vie commune mais continue de lui mentir au sujet notamment de son travail. Ses parents et elle, ne comptent plus le nombre de fois où ils le mettent à la porte. Virginie se sent humiliée par ses mensonges. C'est dans cette période trouble que la relation se noue et se dénoue, au rythme des humeurs et des promesses enroulées de mensonges. Virginie envisage une Interruption Volontaire de Grossesse (IVG), mais le délai légal est largement dépassé. C'est dans ce contexte que naît Marina, sous X, le 27 février 2001. Suivront au moins six grossesses. Avec un enfant mort-né et une autre IVG. Pour cette maternité, la mère de Virginie l'a accompagnée. Elle annonce à sa famille et au père que l'enfant est mort-né pour cacher sa décision d'accoucher sous « X ». Pourtant, un mois plus tard, Virginie change d'avis et vient rechercher sa fille pour des raisons qui restent ambiguës. Des remords ? Se sentir obligée d'assumer ses actes plutôt que la honte ? Mais aussi le désir d'avoir cette « petite ». Difficile à dire.

Pourtant dès que Virginie récupère sa fille, une sorte de malaise s'installe, elle considère la nouveau-née comme une étrangère. Jusqu'au prénom de Marina choisi à la hâte et qui, selon ses connaissances, était surtout l'enseigne d'un bistrot qu'elle aimait fréquenter. Virginie éprouve beaucoup de difficultés à jouer avec sa fille. Les moments de complicité qui le plus souvent apparaissent aux premiers jours, aux premiers sourires et aux premiers rires, ne viennent pas. Elle éprouve aussi des problèmes pour la nourrir correctement. Pour elle, Marina est le résultat d'un échec de sa relation avec Eric Sabatier.

L'accouchement sous X était le moyen de ne plus avoir de contacts avec cet homme. Dont elle accepte finalement le retour. Et qu'elle suit de nouveau à Nanterre. Des deux premières années de vie commune avec Eric Sabatier, Virginie Darras ne livre pas beaucoup d'éléments. Certes, elle était contente de retrouver sa fille Marina, au début, mais au fil de leur relation, elle n'en voulait plus. Tel un jouet qu'on utilise quand on en éprouve le besoin et qu'on laisse dans un coin, lorsqu'on a terminé. Inconsciemment, Virginie rejette sur sa fille Marina tous les reproches qu'elle fait à son père Eric Sabatier. Elle avoue d'ailleurs le regret d'avoir récupéré sa fille. Laissée aux bons soins de l'Aide Sociale à l'Enfance (ASE), sans doute celle-ci aurait-elle eu la chance d'être adoptée par une famille d'accueil. Alors que Marina est âgée de deux ans et demi, les sévices commencent.

Il aurait pourtant fallu à Virginie Darras de pouvoir se rapprocher des services sociaux pour obtenir de l'aide, aussi bien psychologique que financière. Elle déclare à plusieurs reprises qu'elle ne connaissait pas cette possibilité, contredite par les directions des écoles fréquentées par ses enfants et les rappels après chaque signalement supposé de maltraitance. En 2004, lorsque le père de Virginie se suicide, elle rompt les relations avec sa mère après trois mois, choquée sans doute que cette dernière a déjà refait sa vie avec un autre compagnon. Un éventuel lien avec le début de maltraitance sur Marina ? Mais les coups ont débuté avant le décès du grand-père.

La maltraitance ne s'arrête jamais, elle est quasi-quotidienne : douche froide, mise de la tête sous l'eau dans une baignoire jusqu'à suffocation. Pendant plusieurs jours la petite Marina est privée de nourriture, ce qui développe chez elle une boulimie. D'autres « punitions », comme marcher les pieds nus dépourvus de chaussures sur un sol rugueux et souvent froid, avec un sac trop lourd pour elle, placé sur ses épaules. Marina était souvent attachée sur son lit, bâillonnée avec du ruban adhésif. C'est aussi durant cette période que Virginie Darras décide d'accueillir dans l'appartement familial qu'elle partage avec Eric Sabatier, l'enfant qu'elle a eu de son premier amour et dont les noces ont été annulées.

C'est durant l'été 2006 que la famille décide de quitter Nanterre. Éric Sabatier, Virginie Darras et leurs enfants vont habiter dans plusieurs villages des départements de la Mayenne et de la Sarthe. Virginie aura des relations extra-conjugales, notamment avec un voisin lorsqu'ils habitent à

Saint-Denis-d'Orques situé dans le département de la Sarthe, peuplé de 754 habitants. Ce dernier d'ailleurs va venir s'installer avec eux pour un ménage à trois à Coulans-sur-Gée, toujours dans la Sarthe. Virginie Darras se retrouve enceinte et forcément un doute sur la paternité apparaît. C'est une analyse ADN qui va attribuer à Eric Sabatier, cette paternité.

Virginie Darras n'a pas de permis de conduire et laisse sa carte bancaire à son mari, elle déclare ne voir personne à part ses voisins, elle se présente comme une femme soumise bien que son mari Eric Sabatier la présente surtout comme une femme manipulatrice. Sa mère la considère « têtue », tandis que son premier compagnon la qualifie de « nymphomane et jalouse ». Difficile de savoir si ce sont ces traits de caractère qui définissent les sévices portés à sa fille Marina, pourtant tout le monde s'accorde à dire que Virginie aime quand tout est fait à « sa manière ». Virginie Darras veut tout savoir des faits et gestes de son mari, ses horaires de travail, ses trajets, ses rencontres. Selon une assistante maternelle de l'école de Parennes cela devient même maladif. Les voisins racontent des scènes d'hystérie, d'une véritable tornade, notamment au sujet de Marina.

C'est en 2007 dans cette école de la commune de Parennes, dans la Sarthe, que commence des signalements de la part du médecin scolaire aux services sociaux après que ce dernier a constaté des marques assimilées à des sévices. Le médecin demande à consulter le carnet de santé, mais Éric Sabatier déclare qu'il a été perdu dans un déménagement. A la place, il fournit un certificat regroupant les différentes vaccinations de Marina ce qui s'avérera être un faux, sans doute fabriqué avec des photocopies des carnets des autres enfants.

Un nouveau déménagement a lieu en mai 2008. La famille habite la commune de Saint-Denis-d'Orques. Une fois de plus, lorsque Marina est admise à l'école, d'autres soupçons apparaissent. La directrice décide de se renseigner sur cette petite fille et reçoit de la part de la directrice de l'ancienne école de Marina les informations recueillies à l'époque de la maltraitance. La directrice de l'école de Saint-Denis-d'Orques demande au médecin d'examiner Marina. Ce dernier la rejoint dans sa démarche de signaler une nouvelle fois le cas de la petite fille aux services sociaux, le parquet est saisi.

Au mois de juillet 2008, le parquet décide de faire examiner Marina par un médecin légiste qui ne dénombre pas moins de 19 lésions sur le corps de la fillette. Les parents interrogés, réussissent à justifier chaque blessure par des accidents domestiques, insistant sur le fait que Marina est très maladroite. L'enquête se poursuit et Marina est entendue par deux gendarmes, seule, le 23 juillet 2008, en espérant qu'elle ne subira pas l'influence de ses parents durant ses déclarations. L'entretien est intégralement filmé, il montre une petite fille très sage, un peu petite pour son âge, souriante et vive. Elle a une explication pour chaque blessure qu'elle raconte parfois avec des éclats de rires. A aucun moment elle n'accusera ses parents du moindre sévices. On apprendra plus tard que Virginie aurait dit à sa fille qu'elle « ne nous reverrait plus et qu'on pourrait aller en prison » si elle parlait aux gendarmes.

Les différents témoignages recueillis par les enquêteurs et les services sociaux sont unanimes pour conclure que Marina continue d'aimer ses parents. Les mensonges que la fillette invente sont destinés à les protéger. Les gendarmes ne trouvent pas l'intérêt de rencontrer les fonctionnaires des différents services sociaux et scolaires qui sont à l'origine des signalements et, comme on pouvait s'y attendre, l'enquête du parquet est classée sans suite le 10 octobre 2008.

Les services de l'Aide Sociale à l'Enfance (ASE) de la Sarthe découvre le 9 mars 2009, les conclusions de l'enquête du parquet du Mans. Pourtant, en avril 2009, les services décident de diligenter une nouvelle enquête d'évaluation après un nouveau signalement du directeur de l'école. Le document envoyé par l'école mentionne « un absentéisme répété et injustifié, de petites blessures inexpliquées et un comportement boulimique ». Une fois de plus la famille a déménagé et Marina fréquente une nouvelle école dans la commune de Coulans-sur-

Gée. Une fois de plus, impossible d'obtenir le carnet de santé, ni les différents documents sur le passé médical de la fillette.

C'est le 27 avril 2009 que la directrice de l'école et le médecin scolaire décident de conduire Marina aux urgences de l'hôpital. Cette dernière revient de vacances et souffre de graves blessures aux pieds. Son hospitalisation va durer 5 semaines. Durant tout ce temps, la petite Marina n'aura pratiquement jamais la visite de ses parents. Les médecins et infirmières essaient de trouver une explication médicale à l'état de santé de Marina et décident de faire un signalement, encore un, aux services sociaux qui confirment bien les soupçons de maltraitance. Pourtant la fillette est renvoyée dans sa famille le 28 mai 2009, devant l'incompréhension de l'école et du médecin scolaire.

Pourtant, une enquête de l'ASE a démarré le 25 mai 2009 et une assistance sociale chargée de l'enquête, accompagnée de la puéricultrice, rendent visite au domicile des Sabatier. Les deux femmes sont accueillies avec beaucoup de gentillesse, se trouvant face à des parents qui ne comprennent pas ce harcèlement incessant qui met en doute l'éducation qu'ils donnent à leur fille Marina. Pour eux, l'école est responsable de ces accusations, Marina a une santé fragile. Elle est maladroite et parfois indisciplinée, comme les enfants de son âge. Ces petits défauts suffisent à fournir les soupçons de maltraitance. Ce sont des parents qui se disent aimant pour leurs enfants et toujours à l'écoute de leurs besoins. Le rapport ainsi rédigé est sans équivoque et clôt une fois de plus le signalement : « Aucun élément de danger, avec des enfants détendus et souriants... »

Nous sommes le 9 septembre 2009, Eric Sabatier prévient la gendarmerie. Lui et sa femme sont sur un parking Mac Donald. Pendant qu'ils étaient partis chercher de quoi manger pour faire plaisir aux enfants, alors que ces derniers sont restés au domicile, Marina, qui a insisté pour venir, est restée dans la voiture. A leur retour la fillette est introuvable. Tout est mis en œuvre pour retrouver la petite Marina. Une « alerte enlèvement » est même déclenchée (véritable outil d'enquête, le plan Alerte enlèvement, mis en place en France en 2006, vise à envoyer de façon massive à la population un message en cas d'enlèvement d'enfant. Son déclenchement permet la diffusion rapide, sur l'ensemble du territoire national, d'informations précises dans le but de retrouver l'enfant le plus rapidement possible. C'est le procureur de la République territorialement compétent qui prend la décision de déclencher ou non une Alerte enlèvement).

Au fur et à mesure des recherches, les gendarmes ont des doutes sur les déclarations des parents. Certes, ils paraissent tous les deux affectés, mais on relève beaucoup de contradictions dans leurs propos. Les enquêteurs décident donc d'entendre

Virginie Darras et Eric Sabatier séparément. Leur manque de coopération, reprochant aux gendarmes de ne pas tout faire pour retrouver leur fille, et l'incohérence des faits durant la soirée, les obligent à placer le couple en « garde à vue ».

Deux jours après avoir déclaré sa fausse disparition, acculé par les preuves et les témoignages, le père craque et mène les enquêteurs jusqu'au corps de la fillette. Celui-ci est placé dans un container, enroulé dans un drap entouré de dix sacs poubelle, dans une malle où du béton a été coulé, cachée dans un local technique d'une entreprise d'assurances. Durant les aveux, Éric Sabatier déclare que Marina est décédée durant la nuit du 6 au 7 août 2009, après une série de sévices particulièrement brutaux qu'il a infligés à la fillette, avec son épouse Virginie Darras.

Pour terminer, avant le début de la nuit, Marina est laissée nue dans la cave. Selon Virginie, la fillette a prononcé ces dernières paroles : « J'ai mal à la tête, au revoir maman, à demain… ». Pourtant lorsqu'elle est interrogée, Virginie tente de minimiser son rôle dans la mort de sa fille et de cette soirée fatale.

Le procès d'Éric Sabatier et Virginie Darras s'ouvre devant la cour d'assises de la Sarthe, le 11 juin 2012. Des membres de la famille de Virginie et Éric se sont portés partie civile, surtout pour obtenir des réponses. Un fait inédit jusqu'à présent : des associations de protection de l'enfance, en France, rejoignent le banc des parties civiles. Selon les avocats des associations, il est important de pouvoir « marquer le coup » pour que l'hypocrisie et l'aveuglement ne perdurent.

Plusieurs témoins sont interrogés durant les débats pour essayer de comprendre le cheminement de l'affaire et les différentes alertes qui n'ont pas été ou si peu entendues. Les services de l'Aide Sociale à l'Enfance sont montrés du doigt mais le président Jean-Marie Geveaux du Conseil Général (à l'époque, devenu Départemental) défend ses agents et monte au créneau dans une note rédigée et publiée dans la presse, rappelant que c'est bien le parquet lors de la première enquête qui a classé l'affaire. Les associations de défense s'insurgent contre cette manipulation orchestrée pour démontrer à tous : « Ce n'est pas moi ! C'est lui ! ».
Les déclarations des parents accusés n'apportent pas beaucoup d'éléments sur l'origine de cette violence. Certes ils reconnaissent les faits, mais sont incapables d'expliquer précisément ce qui a été l'élément déclencheur. Pourquoi la petite Marina et pas les autres enfants ? Durant le procès, deux faits importants se sont produits. D'abord la diffusion de l'entretien entre Marina et les gendarmes qui ont particulièrement ému les jurés et l'assistance. Puis, comme une envie de mieux comprendre le récit, le témoignage à la barre du demi-frère aîné de Marina, désormais âgé de 13 ans. Il exprime beaucoup de rancœur envers ses

parents pour lui avoir demandé de mentir durant toutes ces années à l'entourage mais également aux différents services qui ont enquêté. A l'époque, on lui a expliqué que tout ceci était normal.

Virginie Darras sanglote à la vision du document et au témoignage de son fils ce qui provoque à plusieurs reprises l'agacement du président Roucou de la cour d'assises : « Je vous rappelle madame, que vous n'êtes pas là pour des gifles ou des coups de poings ! Cessez un peu de pleurnicher, les faits sont horribles et pourtant vous ne vous en souvenez pas [...] Si les enfants ne parlent pas, on ne sait pas. N'a-t-on pas vu que la partie visible de l'iceberg ? »

Pour défendre sa cliente, son avocat déclare à plusieurs reprises que la souffrance qu'elle éprouve d'avoir pris conscience de ses actes lui donne l'impression « d'être loin de la douleur, de la colère et de la désolation » que ressent la salle de la cour d'assises devant les détails de ses crimes. Virginie Darras ose murmurer avec honte : « J'ai conscience des actes qui me sont reprochés. J'ai réalisé l'horreur de ce que j'ai fait et de ce que j'ai laissé faire. Je ne comprends toujours pas. Il n'y a pas une seule journée, une seule nuit, où je n'y pense pas, où je ne revois pas ma fille... ». La psychiatre qui l'a rencontrée à plusieurs reprises, en prison, déclare que durant leurs échanges, Virginie Darras a surtout évoqué le décès de son père et de son frère, et une forte émotion pour le placement de ses enfants depuis son arrestation. Pour ce qui est des actes qui ont provoqué la mort de Marina, aucune émotion sur le déroulé de la soirée meurtrière. Marina n'était que la victime d'une sorte de « conjugopathie » parentale, une spécificité qui se décrit par la poursuite d'un lien conjugal dans un couple en crise ou séparé, qui prolonge indéfiniment son conflit à travers ses enfants communs.

Au terme d'un délibéré de près de quatre heures, la cour d'assises de la Sarthe a condamné, le 26 juin 2012, Éric Sabatier, âgé de 40 ans, et Virginie Darras âgée de 33 ans, à 30 ans de réclusion criminelle assortie d'une peine de sûreté de vingt ans. Éric Sabatier meurt en prison en septembre 2016 d'un cancer foudroyant à l'âge de 44 ans. Pour Virginie Darras, il faudra qu'elle attende 2029 pour espérer avoir une liberté conditionnelle, mais ses enfants auront grandi bien loin d'elle. Auront-ils encore envie de la voir ?

En 2020, la France a été condamnée par la Cour Européenne des Droits de l'Homme (CEDH) saisie par plusieurs associations des droits de l'enfant. La Cour européenne des droits de l'Homme estime que la France a violé l'article 3 de ce traité international, entré en vigueur en 1953, par son inaction de protection qui rappelle l'interdiction de la torture, les traitements inhumains ou dégradants…

2010 - Damien ROLLAND & Mélanie FLEURY

C'est le 10 juillet 2010 que madame Mélanie Fleury, enceinte de huit mois, se présente à la gendarmerie de l'Aigle, située au nord-ouest de la France dans le département de l'Orne, en région Normandie. Son concubin Arnaud Ghys a disparu. Selon ses dires, l'homme serait sorti le 9 juillet au soir pour aller boire un verre avec des amis dans un café de l'Aigle. Il n'est pas rentré de la nuit, Mélanie n'a plus aucune nouvelle.

Mélanie attend un peu, essaie de le joindre à plusieurs reprises au téléphone, contacte des amis, comme Benoit Kowalski sans succès. Vers 13h00, n'y tenant plus, la jeune femme décide de se présenter dans les locaux de la gendarmerie. Elle déclare que c'est la première fois que le père de ses deux enfants et du troisième à naître laisse sa famille sans nouvelle, ce n'est pas dans son habitude. Stéphane Fleury, le père de Mélanie, déclare aussi à sa fille que son compagnon devait venir l'aider vers 13h00 pour vider une remorque de bois, mais qu'il ne s'est pas présenté. Le beau-père trouve cela pour le moins étrange, car Arnaud était toujours ponctuel avec lui et ne lui faisait jamais défaut.

Dés qu'elle est rentrée au domicile, Mélanie envoie des messages désespérés sur les réseaux sociaux aux différentes personnes qui le connaissent ou qui auraient pu le croiser. Mais en fin de journée, Arnaud Ghys, n'a toujours donné aucune nouvelle et n'a laissé aucune trace de son passage dans la commune de l'Aigle. Le parquet ouvre une procédure pour disparition inquiétante. Stéphane Fleury, après avoir passé une nuit atroce, repart dès le lendemain matin en voiture à la recherche de son gendre pour savoir s'il n'aurait pas été victime d'un accident ou d'une agression.

Pourtant, c'est un cousin de Mélanie qui fait avancer l'enquête dans la matinée du 12 juillet 2010 lorsqu'il découvre la voiture abandonnée d'Arnaud, à proximité de l'Aigle. Les gendarmes prévenus arrivent sur place et constatent que la voiture se trouve à l'entrée d'un petit bois près d'une barrière. Personne au volant et le véhicule ne semble pas accidenté. Stéphane, arrivé sur place, laisse les gendarmes travailler, il pense que son gendre est sans doute parti dans le bois. Grimpant sur un talus et s'agrippant à une branche de charme, il aperçoit au loin un vêtement rouge au sol qui semble être un t-shirt. Il prévient les militaires en criant : « Il est là, il est là ! », montrant sa découverte. Un corps est allongé sur le dos, une main devant le visage. Le beau-père remarque immédiatement les mouches, Arnaud Ghys est mort.

Les gendarmes retournent le corps et constatent une plaie importante entre les deux omoplates, de 3 à 4 centimètres, ressemblant à un tir d'arme à feu. Le sang autour du corps laisse à penser qu'il a été tué sur place. Habillé d'un t-shirt rouge et d'un pantalon de jogging noir, légèrement baissé, on peut penser que l'homme s'était arrêté pour uriner avant d'être abattu. Près du cadavre, des canettes, des mégots, que les gendarmes placent sous scellés.

Des prélèvements ADN sont également réalisés sur le corps et l'intérieur de la voiture. Aucune trace des clés de voiture et de son portable à l'intérieur de l'habitacle, mais curieusement son portefeuille et une quinzaine d'euros sont présents. Les proches de Mélanie se précipitent tous chez elle lorsqu'ils apprennent la mort d'Arnaud. Un ami, Damien Rolland, est également présent, il s'occupe des enfants seulement âgés de 4 et 2 ans. Le troisième enfant doit arriver dans un mois. La jeune maman laisse éclater sa peine sur internet. Sa famille la réconforte au maximum l'assurant d'un soutien sans faille pour l'aider à passer le cap et s'occuper des enfants. C'est une famille très unie, habituée à se réunir aux différentes fêtes comme Noël où la table ne comporte pas moins de 30 convives.

En fin d'après-midi du 12 juillet 2010, le deuil est interrompu par les gendarmes qui ont des questions à poser à Mélanie pour débuter l'enquête. Le passé d'Arnaud a été pour le moins tumultueux : quelques vols à l'âge de 13 ans qui lui valent des rappels à la loi et de petites condamnations, jusqu'au braquage d'une pharmacie, cette fois avec 5 ans de prison. À sa sortie de prison, il se lie d'amitié avec Benoit Kowalski dont il a connu le frère durant son incarcération. Arnaud est conscient d'avoir une seconde chance et fait tout pour s'en sortir. Épaulé par son nouvel ami, il fait le maximum pour retrouver une vie normale et honnête.

Avec l'aide de Benoit, Arnaud s'installe à l'Aigle en 2004 et trouve au supermarché de la ville, une place de boucher. Son stand se trouve à proximité de la poissonnerie tenu par une ravissante jeune fille de 21 ans, Mélanie. Quelques semaines plus tard, les deux jeunes gens s'installent ensemble. Heureux avec sa compagne, son chez-soi et son petit travail, Arnaud satisfait profite de chaque instant, comme une revanche sur un passé qu'il a laissé derrière lui. Sa belle-famille l'a adopté, son beau-père Stéphane se considérant comme le père qu'il n'a jamais eu. Arnaud a été élevé seul avec sa sœur par sa mère Arlette Van Ackere. Parties de pêche, chasse aux champignons et l'apprentissage du travail en extérieur. Arnaud se délecte de chaque moment passé dans cette nouvelle famille. Sa compagne Mélanie le décrit comme un papa poule avec les deux enfants qu'ils ont eu, un premier en 2006 et un deuxième en 2008. Aucun problème de couple, une existence presque banale. Aucun élément n'est donné aux gendarmes qui décident de reconstituer la dernière journée où il a été aperçu, le 9 juillet 2010, en espérant trouver un début de piste.

Depuis que la boucherie où travaillait Arnaud a fait faillite, ce dernier au chômage, consommait de l'alcool régulièrement. Il était d'ailleurs suivi pour cette pathologie. Ce matin-là, il est aperçu dans un commerce achetant une bouteille de whisky avec un autre alcool fort. Il rentre ensuite chez lui, où il passe la journée. Il est rejoint vers 16h00 par un ami, Damien Rolland, qui passe le reste du temps dans le jardin avec Mélanie et les enfants, alors qu'Arnaud est sur son ordinateur. Après l'apéritif, Damien reste dîner avec toute la famille.

Vers 21h30, Damien Rolland quitte le domicile du couple. Les enfants couchés, Mélanie et Arnaud s'installent dans le canapé devant la télévision. La jeune femme précise que le couple va faire l'amour dans le canapé. Il est 22h30 quand Arnaud décide de sortir pour boire un verre. Pourtant, ce soir-là, dans les bars de l'Aigle, personne n'a aperçu le jeune père de famille. Vers 22h56, il adresse un texto à Damien Rolland. C'est la dernière trace de vie d'Arnaud Ghys, ensuite le portable cesse d'émettre. Le message a été envoyé près de la commune de Rey, dans une zone boisée à proximité de l'endroit où le corps est retrouvé.

Une enquête de voisinage permet de déterminer la présence de la voiture d'Arnaud, le vendredi soir vers 00h10. Les enquêteurs décident d'entendre Damien Rolland la dernière personne avec qui Arnaud a eu un contact. Agé de 19 ans, Damien a rencontré le couple grâce à la connaissance d'un cousin de Mélanie. Le jeune homme déclare qu'il fréquente assidument le couple depuis presque six mois, qu'il lui arrive souvent de manger avec eux, et de boire l'apéro, entre 3 et 4 fois par semaine. Il aime également s'occuper des enfants.

Damien Rolland raconte aux gendarmes la vente d'une voiture qui se passe mal entre un acheteur et Arnaud et qui s'est traduite par des menaces verbales et des poursuites automobiles dans la commune de l'Aigle. Damien déclare aussi aux enquêteurs que la famille d'Arnaud, qui habite dans le département de l'Oise, aurait menacé le jeune homme, que son passé sulfureux serait revenu à la surface avec des menaces et intimidations, même si elle n'en connaissait pas les détails. Le soir de la disparition, Damien déclare être rentré chez lui vers 21h40. Il a continué la soirée avec son voisin de palier avec lequel il a regardé un film à la télévision.

Les grands criminels 10

Il déclare être sorti vers 23h00, à l'invitation d'Arnaud, pour boire un verre en ville. Il a attendu la victime au pied de l'immeuble, ne le voyant pas arriver, il est remonté terminer la soirée avec son voisin. Ce dernier est convoqué et confirme la version de Damien Rolland.

Damien déclare qu'il a eu une dizaine d'échanges de SMS avec Mélanie Fleury tout au long de la nuit, car elle est toujours inquiète de ne pas voir rentrer son compagnon. Le lendemain matin, elle se présente à son domicile pour faire le tour de la ville et tenter de le retrouver. Un emploi du temps qui correspond en tout point avec celui donné par Mélanie et sa famille. C'est l'Institut Médico-Légal (IML) de Caen, une ville portuaire du Calvados située en Normandie, qui réalise l'autopsie. Le trou important constaté dans le dos est le résultat d'un tir au fusil de chasse avec du plomb assez gros, du n°4. Le tireur se trouvait très près, environ 1 mètre. Pas d'orifice de sortie, tous les plombs sont restés à l'intérieur.

La décharge a sectionné la moelle épinière, coupé la cage thoracique, le poumon droit a explosé sous le choc provoquant une lésion pulmonaire et un hémothorax qui a entraîné la mort. Les légistes affirment qu'Arnaud n'est pas mort sur le coup. Une longue agonie de 20 minutes a précédé le décès, caractérisée par une lésion de stress sur les glandes surrénales. Les lividités cadavériques permettent de savoir que le corps a été retourné.

Arnaud a été abattu dans le dos, est tombé face la première, ce qui a marqué sa peau, avant d'être retourné sur le dos quelques heures plus tard, d'où les marques.

Mélanie Fleury est de nouveau entendue et confirme les dires de Damien. Son compagnon a eu des mots avec sa famille dans l'Oise et a eu aussi des problèmes avec la vente d'un véhicule. Elle raconte aussi qu'ils ont été menacés, une nuit à leur domicile, au mois de juin 2010, par un individu grand, armé d'une barre assez longue, qu'elle n'a pas pu identifier et qu'elle a juste aperçu par la vitre de la cuisine. Arnaud est même sorti pour proférer des insultes envers cet individu qui a pris la fuite.

Au fil de l'interrogatoire, Mélanie affirme que depuis ils n'avaient plus jamais reçu de menaces, mais que la vie avec Arnaud n'était pas toujours rose. Il était jaloux du cousin de Mélanie, Florian, et s'était adonné à la boisson depuis qu'il était au chômage, ce qui le rendait parfois violent. Il lui infligeait alors des claques des coups de poings dans le dos, des coups de pieds. Devant ces derniers éléments, les gendarmes décident d'interroger les proches du couple. Stéphane Fleury se souvient, en effet, d'un soir où sa fille Mélanie l'a appelé, alors qu'elle était enceinte de leur deuxième enfant. Dehors, elle raconte à son père qu'Arnaud a bu et s'est enfermé dans la maison la chassant du domicile avec sa fille ainée dans les bras, âgée alors de deux ans. C'est en se présentant à leur domicile que Stéphane a réussi à calmer son gendre. Lors d'une autre soirée arrosée, le comportement d'Arnaud avait également surpris le beau-père. Très excité devant un jeu de console après quelques verres, il donnait l'impression d'une personne violente contre le monde entier. Reste à savoir si l'homme se livrait à des coups sur sa compagne. Les membres de la famille déclarent qu'elle ne s'en est jamais plainte auprès d'eux, pas plus qu'aux autorités.

Mélanie, ainsi que ses proches, sont toutefois d'accord pour admettre que depuis son licenciement, Arnaud passait 5 à 6 heures sur internet, notamment sur des sites de rencontre, se vantant même auprès de son beau-frère, Martial Fleury, d'avoir rencontré des femmes, certaines à l'Aigle, sans avoir été plus loin. Sauf à la suite d'échanges « Tchat » avec une infirmière avec laquelle Arnaud a ou aurait pu avoir des relations intimes. Son beau-père déclare d'ailleurs qu'il arrivait à son gendre de répondre aux sollicitations de ses deux portables, même pendant leurs parties de pêche.

Les enquêteurs décident d'entendre Arlette Van Ackere, la mère d'Arnaud Ghys, qui déclare que son fils n'a jamais frappé ses enfants, ni sa compagne, à sa connaissance. Pour ce qui est des problèmes d'alcool, elle considère qu'il n'était pas un buveur habituel. Arnaud lui parlait souvent de ses problèmes d'argent depuis son chômage, notamment pour payer les traites de la maison. Il savait très bien que sa mère ne pouvait l'aider. Pourtant Arlette Van Ackere avait toutefois fait un geste par mandat, lorsqu'elle avait touché un héritage, pour aider son fils. En ce qui concerne les soucis qu'il aurait pu avoir dans l'Oise, où les relations extraconjugales, elle dément formellement. Arnaud aimait trop sa compagne, et ses enfants étaient ce qu'il avait de plus cher.

Les gendarmes, grâce au concours de l'Institut de Recherche Criminelle de la Gendarmerie Nationale (IRCGN), vont réussir à faire parler l'ordinateur d'Arnaud Ghys. Ils vont retrouver pas moins de 150 000 adresses « url » de sites de vente et de rencontres sur les deux dernières années. Certains pseudos seront identifiés et chaque personne contactée admettra connaître l'homme mais uniquement sur la toile. Aucune rencontre, ni aucune relation. La vente hypothétique d'une voiture ne donne pas plus de renseignements, comme les éventuelles menaces. Rien non plus sur ses curieux ennuis avec des habitants de l'Oise. Arnaud ne s'y rendait que pour rencontrer sa mère ou sa sœur et personne d'autre.

Toutes les pistes données par Mélanie Fleury et Damien Rolland se ferment les unes après les autres. Les obsèques d'Arnaud Ghys ont lieu le 21 juillet 2010, au cimetière de l'Aigle. Tout le monde est présent, sa famille, ses amis et les gendarmes. Discrètement, les enquêteurs consignent tout, les plaques d'immatriculation et photographient toutes les personnes présentes, le meurtrier se trouve peut-être parmi eux. Pendant ce temps, autour du cercueil, l'heure est au recueillement. La famille et la belle-famille pleurent unanimement Arnaud. Toutefois plusieurs personnes sont choquées que Damien Rolland soit aux côtés de Mélanie. Selon eux, c'était plus la place des parents de la jeune femme.

Les enquêteurs remarquent également ce détail troublant et décident d'enquêter sur Damien Rolland. Ils découvrent que ce dernier dispose d'une seconde ligne de portable. A aucun moment il n'en a fait état, ce qui est compréhensible. Mélanie lui envoie un message : « Ok, je suis seule ! » et Damien lui répond avec son second téléphone pour ne prendre aucun risque. La possibilité d'une relation extraconjugale entre ces deux personnes devient une hypothèse, confirmée lorsqu'elles sont placées sur écoute, avec des échanges de mots doux.

A partir de ces éléments, l'enquête s'accélère et Damien devient le principal suspect. Reste désormais à réunir des preuves, en commençant par l'alibi qu'il a fourni avec son voisin de palier. Les données géographiques du portable laissent à penser que Damien ne se trouvait pas durant cette soirée dans son immeuble mais à proximité de l'endroit où le corps d'Arnaud Ghys a été découvert, dans le créneau horaire où il aurait échangé un texto avec la victime. L'étau se resserre autour de lui. Grâce à l'instruction menée par la juge Véronique Lanneau et le concours de la gendarmerie, il est établi que la relation extraconjugale entre Damien Rolland et Mélanie Fleury existait avant le décès d'Arnaud Ghys. Toutefois, il manque encore quelques éléments matériels pour une éventuelle mise en examen.

En ce qui concerne la garde à vue, la magistrate préfère attendre. En effet, Mélanie est enceinte depuis 8 mois. Il est probable que le médecin jugerait son état incompatible avec cette mesure. On continue les écoutes et les investigations sur Damien Rolland. On apprend qu'il est susceptible de posséder une arme à feu. Un échange a lieu entre Damien et son voisin de palier qui lui réclame 200 euros sans autre contrepartie. On imagine qu'il s'agit d'un dédommagement pour avoir fourni un alibi. Pour ce qui est de Mélanie, l'instruction met en lumière de nombreux mensonges qu'elle raconte à ses proches, adaptés en fonction de l'interlocuteur. Elle ment également à sa belle-mère lors de la naissance du troisième enfant où elle déclare lui avoir donné le nom de son père Arnaud. Après vérification à l'état civil, elle a appelé en fait l'enfant Kévin qui est le second prénom de Damien.

La juge d'instruction laisse un mois de répit à la jeune maman puis, le 21 septembre 2010, un mois après la naissance, Véronique Lanneau demande que soit procédé à l'arrestation de Damien et Mélanie. Sans surprise le matin de l'interpellation, les deux amoureux se trouvent ensemble chez Mélanie. Damien présente un visage abattu alors que la jeune maman est plutôt agressive envers les gendarmes, puis envers Damien lorsqu'elle comprend qu'il a une part de responsabilité dans la mort d'Arnaud. Lors de la perquisition, les habits et objets personnels de Damien sont dans la chambre de Mélanie, dont seul son lit est défait ce qui prouve qu'ils ont bien une relation ensemble. Une arme de poing est retrouvée, ainsi que les deux téléphones portables.

Alertée par les gendarmes, la mère de Mélanie se précipite pour s'occuper des trois enfants. A la gendarmerie de l'Aigle, les auditions commencent. Mélanie et Damien sont interrogés dans deux salles voisines. Damien, dépassé par les événements, admet dans les premières minutes être l'auteur du coup de feu mortel. Il ne l'a pas fait de manière totalement intentionnelle mais pour l'amour qu'il porte à Mélanie. La jeune femme, de son côté, raconte simplement qu'elle a expliqué les coups et disputes répétées, tout comme les relations sexuelles forcées et qu'elle cherchait juste une issue à la situation.

Pour sauver celle qu'il aime, Damien a imaginé un plan. Il propose à Arnaud Ghys de commettre un cambriolage dans une cabane de chasse sur le terrain où son corps a été retrouvé, lui précisant que cela solutionnerait en partie ses problèmes d'argent. Après avoir dîné avec le couple, Damien est parti dans la clairière pour cacher un fusil de chasse qu'il avait volé à sa mère. Il se dirige ensuite à un croisement où il avait donné rendez-vous à Arnaud vers 22h30. Ils partent ensemble à 23h15, à destination de la clairière. Arnaud, pour satisfaire un besoin naturel, se décale vers la forêt. Damien en profite pour aller chercher le fusil de chasse dissimulé quelques pas derrière et après une brève hésitation lui tire dans le dos. Damien rentre ensuite chez Mélanie, il est environ 01h00 du matin.

Damien explique à Mélanie, dans les moindres détails, ce qu'il vient de commettre, se trouve nauséeux alors que la jeune femme est tout à fait prête à avoir une relation sexuelle. Il déclare aux gendarmes que Mélanie était informée de ses intentions à l'égard d'Arnaud. Dans l'après-midi devant la piscine avec les enfants, Damien lui a clairement dit que c'était pour ce soir, pendant que son compagnon était devant l'ordinateur. D'ailleurs, après le meurtre Damien a envoyé « bonne nuit » par texto à Mélanie, un code entre eux pour lui dire : « C'est fait ! ».

Le lendemain, Damien est parti récupérer l'arme dans la clairière, Mélanie et les enfants attendaient dans la voiture. Ils ont tous ensemble remis le fusil chez la mère de Damien. Sur ses indications, les gendarmes retrouvent l'arme et le portable d'Arnaud à moitié brulé, au fond d'un plan d'eau. Les aveux tiennent la route. Pour finir, il reconnaît que c'est lui qui est venu menacer Arnaud quelques semaines avant le drame avec la complicité de Mélanie et son cousin Florian Potrel. Cette fois ce n'était pas pour le tuer, juste lui faire peur. Dans la salle d'interrogatoire voisine, Mélanie est beaucoup plus confuse. Au début de la garde à vue la jeune femme affirme que Damien est un copain avec qui il lui arrive de coucher, mais qu'elle ne l'aime pas. C'est au fil de l'audition qu'elle avoue ses réels sentiments, se déclarant très amoureuse de lui.

Mélanie continue de dire qu'elle n'était pas au courant des projets de Damien. Mais devant ses nombreuses contradictions et les éléments apportés par les déclarations de Damien, la jeune femme commence à perdre son sang-froid. Elle manifeste des accès de colère où elle se permet même de tutoyer le gendarme chargé de l'interrogatoire. Son humeur est changeante en fonction des questions posées, parfois calme d'autre fois des poussées de nerfs qui ne durent pas.

Mélanie, poussée dans ses retranchements, est bien forcée d'avouer et déclare ce que lui a dit Damien lorsqu'il est rentré dans la nuit de vendredi à samedi : « Je t'ai débarrassée d'Arnaud ! ». Elle affirme qu'elle ne lui a jamais demandé de tuer le père de ses enfants. Jamais elle n'a participé à la tentative d'intimidation. Les gendarmes ont deux versions, mais au fil des heures, les dires de Damien évoluent. Le jeune homme est persuadé avoir été manipulé. Jour après jour, Mélanie l'a poussé habilement à se débarrasser d'Arnaud

Ghys. Elle n'a jamais fait de demande formelle, mais a toujours manœuvré pour qu'il en devienne l'instigateur. De son côté, Mélanie n'en dira pas plus. Florian Potrel est également placé en garde à vue pour tentative d'intimidation. Il déclare qu'au mois de juin, quand il y a participé à la tentative d'intimidation nocturne au domicile d'Arnaud et Mélanie, il était hors de question d'attenter à la vie d'Arnaud.

Florian va déclarer aux gendarmes les nombreuses fois où Mélanie lui a confié vouloir tuer son compagnon. Dès le samedi matin, il a été informé de ce que Damien avait commis avec la complicité de sa cousine. Plus important encore, il raconte une précédente tentative de meurtre sur la personne d'Arnaud. Mélanie et Damien devaient placer du somnifère dans son verre. Une fois endormi, Arnaud placé au volant de sa voiture allait avoir un accident. Mais le soir où c'était prévu, Arnaud avait invité son ami Benoit Kowalski. Mélanie avait alors déclaré : « Tant pis ! on les tue tous les deux ! ».

Une fois le somnifère placé dans les deux verres, Mélanie laisse le champ libre. Damien et Florian ont la mission d'étouffer son copain Benoît. Mais voilà, entre le dire et le faire, c'est radicalement différent. Les deux hommes vont abandonner l'opération et le lendemain matin lorsque les deux hommes se réveillent ils ressentent les effets de la « gueule de bois », constatent des ecchymoses sur l'ensemble de leurs corps. Arnaud demande des explications à

Mélanie. Cette dernière raconte que la veille au soir, les deux copains étaient tellement alcoolisés qu'ils se sont bagarrés et qu'il a fallu les séparer. Les deux hommes, choqués par le récit, ont décidé d'aller consulter un spécialiste pour se soigner de leur dépendance à l'alcool. Florian déclare qu'il avait accepté de participer contre une somme de 50 000 euros promise par Mélanie qui, selon lui, est la principale instigatrice, Damien et lui n'étant que les hommes de main à ses ordres.

Lorsque Stéphane Fleury apprend la culpabilité de Damien Rolland, dans la mort de son gendre Arnaud, le monde s'écroule. C'est lui qui, à la mort du père de ses petits-enfants, avait demandé à Damien de veiller sur eux et sa fille. Les gendarmes précisent que pour le rôle de Mélanie, c'est encore ambigu. Même Xavier et Françoise Le Bigot, des proches de Damien Rolland ont du mal à croire à sa culpabilité. Ils connaissent bien Damien, car quatre ans avant le drame, Damien sortait avec leur fille aînée.

Damien n'a jamais connu son père, il a été élevé par sa mère et un beau-père alcoolique et violent. C'est à l'adolescence que Damien trouve un équilibre auprès de la famille de sa petite amie. Mais au bout de deux ans, les deux amoureux se séparent, Damien s'éloigne et prend un appartement à l'Aigle. Il renoue avec un copain d'enfance, Florian Potrel, qui lui présente sa cousine Mélanie, Arnaud et ses deux jeunes enfants. Selon la famille de Damien, c'est la violence parfois, des disputes entre Mélanie et Arnaud, qui a sans doute précipité cette décision de tuer de sang-froid, pour protéger les enfants et pour que la situation qu'il a connue avec sa mère et son beau-père ne se reproduise pas pour eux. Il est conduit devant la juge Véronique Lanneau, le 3 septembre 2010, avec Mélanie et Florian.

Stéphane Fleury, une fois de plus pense que sa fille va sortir libre, mais le juge d'instruction place en détention immédiate Damien Rolland et Mélanie Fleury. Seul Florian Potrel ressort libre sous contrôle judiciaire. Stéphane appelle sa sœur, Nathalie Fleury, la tante de Mélanie et mère de Florian, pour tenter d'obtenir des explications. La famille Fleury vole en éclats, chacun prend le parti de son enfant. Stéphane et sa sœur Nathalie qui s'entendaient bien, ne se parlent plus.

C'est durant l'instruction que Damien explique le plan échafaudé dans les moindres détails, par sa maîtresse, Mélanie Fleury, l'instigatrice du meurtre de son compagnon Arnaud Ghys. Il précise que c'est elle qui connaissait le lieu et qui l'a choisi. Le mobile déclaré de Damien est très simple : amoureux de Mélanie, cette dernière lui aurait fait un chantage affectif. Pour elle, une seule solution pour vivre leur amour au grand jour : tuer Arnaud. La séparation ne suffisait pas car elle craignait que la famille Ghys ne s'en prenne à elle. Mélanie avait étudié toutes les possibilités, seule la mort d'Arnaud était la solution. De son côté, la jeune femme variera dans ses déclarations disant qu'elle avait entendu parler du projet puis qu'elle avait été complètement informée, mais refusera toujours d'endosser la responsabilité d'instigatrice. À la clôture de l'instruction, Damien est renvoyé devant les assises pour assassinat (meurtre avec préméditation), tout comme Mélanie pour complicité d'assassinat. Quant à Florian Potrel, il est accusé de « non-empêchement d'un crime ».

Le 25 novembre 2012, le procès s'ouvre devant la cour d'assises de l'Orne. Dans le box trois jeunes d'une vingtaine d'années. Dans la salle, les familles Rolland et Fleury sont là pour soutenir leurs enfants. Damien déclare à la barre la même version que durant l'instruction : c'est le vendredi en fin d'après-midi que Mélanie a proposé un casse « bidon » à Damien avec la complicité d'Arnaud. Elle a même choisi le lieu et l'horaire du rendez-vous. Sur place, Damien profite de l'envie d'Arnaud d'uriner pour lui tirer dans le dos. Pour la présence sur les lieux de Mélanie, il n'a rien à déclarer. Sans doute toujours amoureux d'elle, il déclare seulement : « Je suis là pour n'enfoncer personne ! Juste assumer mes actes ! ».

Alors que l'expert psychiatre de Damien Rolland le désigne comme une personne influençable, prêt à protéger la femme qu'il aime, le président du tribunal quant à lui voudrait bien comprendre le rôle exact que Mélanie a joué dans cette affaire. Le président rappelle que cette dernière a dépeint son compagnon comme une personne violente. Il lui demande alors de détailler les coups et les injures dont elle a été victime. A la barre, la jeune femme se contredit, elle est confuse, ses déclarations ne convainquent pas.

Maître Axel Sandberg, l'avocat des enfants Fleury et Ghys tente alors une manœuvre en montrant à Mélanie une photo des trois enfants : « Parlez maintenant ! Un jour, ils vous demanderont des comptes ! ». Mais Mélanie reste silencieuse, donnant le sentiment qu'elle cache une partie de la vérité. Maitre Sandberg parle d'un rendez-vous manqué avec la justice. Les regards se tournent vers Mélanie absente derrière ses longs cheveux.

Le 29 novembre 2012, c'est le dernier jour du procès, l'avocat général Carole Elienne requiert 30 ans de réclusion criminelle contre Damien Rolland l'auteur du crime et Mélanie Fleury, son instigatrice. En fin de soirée le verdict tombe. Damien Rolland est condamné à 20 ans pour assassinat et Mélanie Fleury à 20 ans également pour complicité. Florian Potrel est condamné à 3 ans pour « abstention volontaire d'empêcher le crime ». Aucun ne fait appel du verdict. Damien a écrit plusieurs fois à Mélanie qui n'a jamais répondu. Les enfants, confiés aux grands-parents, rendent visite à leur mère chaque semaine…

2011 - Laïla Id YASSINE & Elodie LE TOULLEC

Le 13 juillet 2011, deux plaisanciers à bord de leur voilier quittent le port de Locmiquélic situé en rade de Lorient, dans le département du Morbihan, en région Bretagne à quelques encablures de la citadelle de Port Louis. Locmiquélic est l'escale préférée des amateurs de tranquillité. Or, ce n'est pas seulement un port calme, on y goûte aussi les plaisirs d'une petite ville balnéaire.

En sortant de la rade de Lorient, ils remarquent un objet flottant qui s'avère être une grosse valise. Les deux plaisanciers essaient de la monter à bord mais l'objet est bien trop lourd. Ils décident donc de faire une entaille sur la valise pour espérer en apercevoir l'intérieur et découvrent un pied humain qui en sort, tel un diable de sa boite. Immédiatement, paniqué, l'un des hommes lance un message de détresse aux autorités portuaires.

La gendarmerie maritime interceptant l'appel décide d'intervenir immédiatement. Il est alors 13h30 lorsque les gendarmes prennent possession de la découverte macabre. Il est fréquent que des déchets soient repêchés en mer ou à proximité des ports, mais beaucoup moins souvent des corps ou des restes humains. Ronan Picard, le directeur d'enquête, arrive directement à l'hôpital où la valise a été transportée. Le bagage est ouvert avec délicatesse, afin d'en découvrir le contenu. A l'intérieur se trouve un corps masculin disposé en position fœtale, enroulé dans une bâche plastique, habillé d'un blouson, d'un jean, mais sans chaussures. Les bras, les mains et les jambes, sont entravés ensemble par du ruban adhésif. Le visage est aussi dissimulé avec du scotch pour tenter d'empêcher l'identification.

Le corps est très abimé par le séjour dans l'eau de mer ce qui rend difficile les constatations médico-légales. C'est dans ces conditions que les légistes sont obligés d'exploiter ce corps pour déterminer les raisons de la mort, un corps masculin, sans papiers d'identité, d'origine méditerranéenne et sans aucun tatouage descriptif. Quelques contusions qui ne sont pas d'origine mortelle sont relevées, et pas de trace de sang. Pas de plaie par balle, il n'y a aucun moyen à ce stade de savoir s'il l'homme a été noyé post ou ante mortem. Les conclusions des experts s'orientent plus vers une asphyxie confirmée par l'obstruction des voies aériennes. Lorsque le scotch du visage a été retiré, ce dernier a été considérablement abimé, donnant une figure monstrueuse.

Les empreintes sont prélevées et comparées au fichier central et un prélèvement ADN est pratiqué. Malheureusement, l'individu est inconnu des deux fichiers. Un seul élément en plus des liens et de la valise : un trousseau de clés retrouvé dans la poche arrière du jean. Ne reste plus qu'à savoir si une disparition a été signalée concernant cet homme. La gendarmerie maritime va mettre les bouchées doubles pour essayer d'identifier cet inconnu, meilleur moyen de remonter à son assassin. Une cellule, « valise 56 », est créée. Elle est constituée de 11 enquêteurs.

L'enquête commence sur le plan local. Pour les gendarmes quelqu'un doit forcément rechercher cet inconnu. Un appel à témoin et le journal télévisé local ne donnent aucun résultat pour cet homme âgé d'une quarantaine d'années. Les recherches sont élargies au niveau national et même international, via Interpol, au cas où le bagage aurait été jeté en pleine mer. La piste des migrants est même envisagée. L'homme est peut-être l'exemple fourni aux autres migrants si l'idée leur venait de ne pas payer le passeur. Le sable et les éléments marins présents dans la valise sont analysés ce qui permet d'évaluer la durée de la présence dans l'eau entre trois semaines et un mois. Ce qui est important pour les enquêteurs. La mort remonte donc à mi-juin au lieu de mi-juillet. La population présente en cette période, sans les vacanciers, est sensiblement différente.

Le temps passe et aucune piste n'émerge au point que la juge d'instruction, Amélie Kamennoff, envisage de prononcer un non-lieu. Il est de plus impossible de diffuser la photo du visage de la victime après son séjour dans l'eau. Seule solution trouvée : demander à l'Institut de Recherche Criminelle de la Gendarmerie nationale (IRCGN) une reconstitution faciale à partir d'un crâne, ce que les services réussissent à faire. On met en œuvre une science appelée l'anthropologie hémato-morphologie. À l'origine, on reconstituait le visage à partir du crâne avec de la pâte à modeler. Désormais, les techniques modernes permettent la plupart du temps de réaliser l'opération par ordinateur, en trois dimensions. Une fois l'opération effectuée, un nouvel appel à témoins est lancé. Mais rien ne fait avancer l'enquête.

La gendarmerie maritime décide alors d'exploiter l'un des seuls éléments en sa possession : une clé. Le constructeur est contacté et précise, à partir de son numéro de série, que cette clé sécurisée n'a été faite que pour ouvrir 399 serrures. Les gendarmes déplient une carte de France et identifient les 399 lieux où les serrures ont été vendues. Ils remontent ainsi du grossiste au semi-grossiste puis au serrurier. C'est totalement surréaliste lorsque la gendarmerie maritime se déplace aussi bien à Bordeaux que Dunkerque ou Lyon, mais rien ne peut les arrêter dans leurs investigations qui vont durer 16 mois. Le public ignore souvent l'ampleur de certaines recherches.

L'un des enquêteurs, Patrice Mazier, se présente dans la commune du Pré-Saint-Gervais située dans le département de la Seine-Saint-Denis. Un serrurier, Laurent Legrand, déclare qu'il a changé une serrure de même type « Vachette sécurisée » sur la porte d'un appartement dont le propriétaire ne donnait plus de signe de vie depuis plus d'un an. C'est le syndic de l'immeuble qui a demandé de pouvoir accéder à l'appartement, à la suite d'un dégât des eaux. La serrure a été remplacée et l'ancienne conservée par le Syndic pour la restituer au propriétaire lorsqu'il reviendra. Les gendarmes procèdent à un essai sur l'ancienne serrure, ils détiennent la bonne clé.

Lorsque l'enquêteur Patrice Mazier prévient la juge d'instruction, Amélie Kamennoff, elle a le sentiment que l'enquête va pouvoir enfin commencer : mettre un nom sur l'identité de la victime et retrouver les personnes susceptibles de lui en vouloir. La serrure a été retirée d'un appartement situé au 41, rue Boissy d'Anglas, dans le 8ème arrondissement de Paris. Les gendarmes décident de perquisitionner l'appartement vide, sans toutefois y aller au hasard.

Comme dans tous les cas d'homicide, aidés de la Police Technique et Scientifique (PTS), ils prélèvent des cheveux, la brosse à dents et le rasoir afin de comparer l'ADN avec celui identifié sur le corps. Le laboratoire confirme que l'ADN est identique, il correspond donc au propriétaire de l'appartement, Farid Ouzzane.

Farid est un homme de 55 ans, au casier judiciaire vierge, qui a grandi à Paris dans le 18ème arrondissement ; un homme qui ne fait jamais parler de lui, ce qui complique l'enquête. Mais les gendarmes sont déjà bien rôdés à la patience et la ténacité. Comme d'habitude, enquête de voisinage, on interroge la gardienne pour savoir depuis combien de temps elle n'a pas vu l'intéressé. De même avec les commerçants du quartier. On enquête également sur le train de vie, les comptes bancaires. Mais Ouzzane voyage beaucoup entre le Maroc et la France, c'est un homme discret qui parle peu. Difficile de savoir qui l'a vu durant les derniers jours de sa vie.

Un élément va toutefois attirer l'attention des gendarmes : le courrier est régulièrement relevé et les factures sont payées. Quel est l'intérêt de continuer de faire vivre administrativement une personne décédée ? Sinon de vouloir cacher une partie de la vérité. Les investigations menées démontrent que Farid Ouzzane avait une double vie. Une vie discrète en France et une autre vie très confortable à Agadir, au Maroc, avec grande maison, beaucoup d'argent et une grosse voiture. Farid s'est fait également connaître sous différentes identités. Plusieurs personnes le connaissent sous le prénom de Mickaël. Plus l'enquête avance, plus les gendarmes découvrent des éléments sur Farid Ouzzane, dit Mickaël.

Farid Ouzzane est employé d'un salon de massage du 19, rue Moncey, une voie située dans le quartier Saint-Georges du 9ème arrondissement de Paris. Un emploi de technicien de surface dont la démission a été enregistrée en novembre 2011, postérieurement à la découverte du corps dans la valise. Depuis sa disparition, le salon est géré par une personne qui répond au nom de Laïla Id Yassine dite « Sabrina ». L'enquête se développe aussi sur la gérance de ce salon de massage. Il apparaît au cours de l'enquête que les activités du salon sont en fait celles d'un salon de prostitution et que Farid avait une activité de proxénète.

Les enquêteurs se rapprochent de la Brigade de Répression du Proxénétisme (BRP), une Brigade centrale spécialisée de la Direction Régionale de la Police Judiciaire (DRPJ) de Paris, qui possède une compétence régionale et exclusive dans le traitement judiciaire de l'infraction de proxénétisme sous toutes ses formes, située à l'époque au 36, quai des Orfèvres. L'un des enquêteurs qui reçoit les gendarmes ne prononce qu'un seul mot : « Alors vous avez retrouvé mon indicateur ! ». Farid était ce qu'on appelle un « tonton » qui était rémunéré en fonction des renseignements qu'il communiquait aux services de police. Jusqu'à une certaine époque, il n'y avait aucune règle pour les informateurs, il était rémunéré un peu comme on pouvait. Ces « auxiliaires de justice » sont indispensables pour résoudre certaines affaires, notamment dans le domaine des stupéfiants ou du grand banditisme. Désormais, c'est la loi Perben II, du 9 mars 2004, qui régit les paiements des indicateurs, lesquels ont une existence officielle avec une préservation de leur anonymat, à la condition d'être enregistrés et identifiés par service.

Les pistes ne manquent pas, les enquêteurs doivent désormais rechercher qui aurait pu tirer bénéfice de la disparition de Farid Ouzzane. Dans ce milieu du sexe et de l'argent, beaucoup peuvent lui en vouloir. Les gendarmes enquêtent donc sur les affaires qu'il aurait livrées à leurs collègues de la Brigade de Répression du Proxénétisme (BRP). Certains pensent qu'il a été assassiné par l'un des caïds de Pigalle, pour se venger, s'il avait découvert son identité d'informateur.

Les hommes de la BRP réfutent l'hypothèse. Selon eux, non seulement le cadavre n'aurait pas été jeté à plusieurs centaines de kilomètres, mais exhibé comme un avertissement aux autres truands ou « tontons » qui voudraient trahir l'un des caïds, en guise d'avertissement. Les gendarmes décident alors de se concentrer sur le salon de massage et surtout sur les deux personnes qui travaillent dans l'établissement en 2011. L'une est toujours la gérante, Laïla Id Yassine. L'autre s'appelle Elodie Le Toullec, dite « Claudia » et que l'on surnommait « la Bretonne » parce qu'elle venait de Lorient. Elle a quitté le salon à la fin de l'été 2011. Les enquêteurs viennent de mettre le doigt sur une piste intéressante. Ils décident d'en savoir un peu plus sur les deux jeunes femmes, « Sabrina » et « Claudia ».

Laïla Id Yassine est une jeune femme de 27 ans, sans histoire, au casier judiciaire vierge. Elle est originaire du quartier des Mureaux dans le département des Yvelines. Elle a voulu tenter sa chance à Paris, attirée par les lumières et la possibilité de réussite. Elle a fait ses études de coiffure et répond un jour à une petite annonce pour être esthéticienne. Laïla Id Yassine travaille donc dans ce salon de massage pour en devenir ensuite la gérante. La jeune femme est consciente de la réelle activité de l'établissement Elle recrute ensuite Elodie Le Toullec, par l'intermédiaire de Farid Ouzzane. Elodie Le Toullec a fait l'essentiel de ses études à Lorient.

Alors que ses amies continuent après le bac, elle décide de monter à Paris pour devenir comédienne. Une fois arrivée à Paris, Elodie Le Toullec ne trouve pas d'emploi. Comme beaucoup d'étudiantes, elle exerce des petits boulots. Après avoir été standardiste, agent d'accueil et même barmaid, elle se rend à l'évidence que le théâtre reste un doux rêve. C'est dans ce contexte qu'elle rencontre Farid Ouzzane et Laïla Id Yassine. Pour les enquêteurs il faut réussir à retrouver Elodie Le Toullec qui a changé de métier, alors que Laïla Id Yassine est toujours sur place. Nous sommes au début de l'année 2013. La cellule de Lorient a rejoint la Section de Recherche (SR) de Paris pour s'installer dans leurs locaux. Les gendarmes maritimes se retrouvent à planquer devant le salon de prostitution de Pigalle. Mises sur écoute et enquête serrée sur les habitudes et occupations personnelles et professionnelles des employés sont entreprises.

Laïla Id Yassine semble être une femme très forte, toujours au salon, qui mène son affaire avec beaucoup de caractère. Elle n'a pas déclaré la disparition de Farid Ouzzane et a même organisé sa survie. Pour Elodie Le Toullec c'est différent, elle a quitté le salon à l'été 2011, peu de temps après la découverte de la valise. Le parquet décide de communiquer dans la presse que la personne retrouvée dans la valise a été identifiée. Dans le but de relancer les écoutes, car au bout de deux ans, rien ne filtrait, comme si les deux femmes étaient passées à autre chose.

Le soir même de la parution de l'article, Elodie Le Toullec a un échange téléphonique avec un ami pour lui demander s'il avait vu l'article, lui demandant surtout de ne rien dire à personne. L'identification va permettre de confondre Pierrick Le Toullec, le père d'Elodie Le Toullec, basé à

Lorient, comme étant le mystérieux interlocuteur. Les enquêteurs sont maintenant persuadés que si le père n'a pas participé au meurtre, il a sans doute aidé à la dissimulation du cadavre. Les gendarmes maritimes décident de procéder aux interpellations, dès le lendemain. Simultanément Laïla Id Yassine, Elodie Le Toullec et Pierrick Le Toullec sont arrêtés en même temps pour meurtre. Lors de sa garde à vue, Laïla Id Yassine ne lâche absolument rien, contrairement à Elodie Le Toullec et son père qui avouent le meurtre, donnent la chronologie, les raisons et la méthode pour se débarrasser du corps.

Farid Ouzzane s'est présenté au salon de massage le 22 juin 2011. Dès le début, les tensions entre l'homme et Laïla Id Yassine sont perceptibles. Farid déclare à Laïla Id Yassine que si elle n'est pas contente, elle peut partir du salon sans aucune indemnité. Les choses dégénèrent, Laïla Id Yassine lance sa tasse de café au visage de Farid. Elle demande à Elodie Le Toullec d'aller chercher un chandelier dans l'une des chambres du salon. Laïla Id Yassine porte un coup derrière la tête de Farid et s'empare du câble électrique de l'imprimante. Elle tend à Elodie une extrémité du fil en l'enroulant au cou de Farid et commence à serrer. Elodie Le Toullec déclare qu'elle n'a pas pu aller jusqu'au bout et quitte la pièce pour s'asseoir dans le couloir.

Après quelques minutes, Laïla Id Yassine sort de la pièce et déclare à Elodie Le Toullec : « Ça y est, je pense qu'il est mort, mais je vais tout de même lui mettre un sac sur la tête. Elodie Le Toullec accepte d'aider Laïla Id Yassine, sans doute se considérant aussi coupable qu'elle. Les deux femmes achètent une grande valise dans un commerce des Champs-Élysées. Le corps va être enroulé dans une bâche. Reste maintenant à se débarrasser du corps. Laïla Id Yassine tente bien de contacter des membres de sa famille, qui refusent. Laïla Id Yassine demande alors à Elodie Le Toullec de contacter son père, très protecteur, pour qu'il les aide dès le lendemain à leur arrivée à Lorient, en taxi avec leur bagage. Le père, prévenu, comprend vite en arrivant qu'il s'agit d'une situation grave. Il est bien conscient que sa fille a besoin de lui.

Le père, interrogé à 600 kilomètres de distance, communique les mêmes éléments, avoue qu'il gardait ce secret depuis deux ans ce qui devenait extrêmement lourd. Il ne connaissait pas les activités de sa fille à Paris, pensant qu'elle et sa copine Laïla Id Yassine, travaillaient dans la banque. A leur arrivée à Lorient, Elodie Le Toullec déclare juste à son père : « On a fait une grosse connerie... C'est un corps qu'il y a dans la valise ! ». Elle ajoute que l'homme leur voulait du mal mais qu'elle, seule, n'a rien fait. Le père croit sa fille sans demander la moindre explication.

Tout s'enchaîne très vite. Le père ne peut dénoncer sa fille au commissariat, il décide de la protéger et de l'aider. Il se rend au port de plaisance du

Les grands criminels 10

Kernével à Larmor-Plage, connu pour avoir vu s'amarrer des grands noms de la voile, Éric Tabarly ou encore Alain Gauthier : un symbole de la montée en puissance de la plaisance dans le Pays de Lorient. Là, il emprunte le bateau d'un ami, charge la valise sur le bateau et prend la mer. Le temps était mauvais et la mer mauvaise, le père d'Elodie Le Toullec n'est pas un marin aguerri. Arrivé au milieu de la rade, il ne peut aller plus loin à cause de la météo. Il leste la valise avec de la corde plombée et la balance par-dessus bord faisant un signe de croix lorsque cette dernière commence à couler. En rentrant à l'appartement, il dit simplement aux jeunes femmes que c'est fait, ne voulant pas savoir ce qui s'est passé, ni en reparler. Seule interrogation : savoir si une personne va s'inquiéter de la disparition de l'homme. C'est Laïla Id Yassine qui répond froidement qu'il n'y a aucune chance. À ce moment le père sait qui a commis le meurtre.

Après un séjour à Lorient, les deux femmes rentrent à Paris, mais Elodie Le Toullec sombre rapidement dans un état de stress traumatique qui lui vaut des hospitalisations à répétition. De son côté, Laïla Id Yassine reprend son activité et s'arrange pour que Farid Ouzzane apparaisse toujours vivant. Devant les enquêteurs, Laïla Id Yassine continue de nier, prétextant qu'elle n'est au courant de rien et qu'il ne faut pas croire Elodie Le Toullec qui a fait plusieurs séjours en hôpital psychiatrique, demeurant froide, niant même l'évidence.

Les grands criminels 10

Elodie Le Toullec et Laïla Id Yassine sont déférées au parquet de Lorient, présentées au juge d'instruction qui va les mettre en examen pour le meurtre de Farid Ouzzane et incarcérées. Les investigations continuent pour les gendarmes. Ils retrouvent chaque élément qui corrobore la version d'Elodie Le Toullec, jusqu'au chauffeur de taxi qui a emmené les deux jeunes femmes à Lorient et au vendeur de valise de la boutique des Champs-Elysées. Les enquêteurs peuvent désormais affirmer que les déclarations d'Elodie Le Toullec sont véridiques. Jusqu'à la fin de l'instruction, Laïla Id Yassine continue de nier. Le procès qui s'ouvre devant la cour d'assises du Morbihan en décembre 2016 s'annonce plus que tendu.

A l'ouverture des débats, c'est Laïla Id Yassine qui apparaît comme coupable et Elodie Le Toullec comme complice. La jeune bretonne est toujours sous l'emprise de la gérante du salon de massage pour laquelle il lui arrivait de faire 15 à 20 passes par jour, parfois dans des conditions d'hygiène plus que douteuses. Pourtant, elle ne se plaint pas et accepte les 3 000 euros qu'elle gagne chaque mois, même si le salon pour sa part en rapporte 90 000. En ce qui concerne Farid Ouzzane, il est démontré que bien qu'étant la victime, on ne peut pas dire qu'il est parfaitement irréprochable. C'était un proxénète qui profitait également de son statut d'indicateur.

Lors des audiences, il fut beaucoup question aussi de prostitution ainsi que des relations troubles qu'entretenaient les enquêteurs de la Brigade de répression du proxénétisme avec le souteneur Farid Ouzzane qui les renseignait sur des « concurrents ». L'enquête de la gendarmerie maritime restera, elle aussi, dans les annales : 17 mois d'investigations pour identifier la victime à partir d'une simple clé, retrouvée dans la poche du cadavre.

Les jurés vont mettre 5 heures à délibérer et le 16 décembre 2016, la cour d'assises du Morbihan condamne Laïla Id Yassine à 12 ans de réclusion criminelle pour meurtre, Elodie Le Toullec à 6 ans pour complicité et le père Pierrick Le Toullec à 1 an avec sursis pour dissimulation de cadavre. Laïla Id Yassine demeure groggy à l'annonce du verdict de la cour d'assises devant laquelle elle a toujours nié le meurtre. D'après son avocat, maître Lumbroso, c'est sans doute son silence qui a pesé lourd dans le procès. Elle décide de faire appel.

Élodie Le Toullec risquait la même peine pour complicité et n'a écopé que de la moitié. La cour a intégré son altération du discernement le matin du crime, dans le salon de prostitution. Incarcérée depuis trois ans et demi, la Lorientaise de 29 ans a été libérée au printemps 2017. Elodie a repris ses études et a totalement changé de vie. C'est à l'issue de près de trois heures de délibération que le verdict est tombé le 13 novembre 2018 pour Laïla Id

Les grands criminels 10

Yassine, seule personne présente dans le box des accusés, qui a souhaité faire appel de la décision prononcée en première instance. La cour d'assises des Côtes-d'Armor confirme la sanction, 12 ans de réclusion criminelle, après une semaine de procès. L'avocat général avait requis entre 12 et 15 ans de réclusion. Depuis, la femme est sortie de prison a changé radicalement de vie et n'a plus jamais fait parler d'elle...

2014 – Denis MANNECHEZ

Nous sommes dans la commune de Gisors, implantée dans le département de l'Eure et limitrophe avec le département de l'Oise. Le 7 octobre 2014, il est un peu plus de 19h00 lorsque l'adjudant Gary Flament de la brigade de Gisors vient de s'installer avec sa famille pour prendre son repas. Un appel du centre opérationnel va précipiter la fin du dîner. Un homme déclare se trouver au garage Tenzo, deux personnes sont blessées et des coups de feu ont été entendus.

Deux hommes se trouvent à l'entrée du portail donnant sur le garage, guettant les gendarmes. Ils déclarent : « C'est un véritable bain de sang, il y a un homme qui a tiré sur tout le monde ! ». Dans l'entrée du garage une première victime, Frédéric Piard, le gérant du garage, blessé d'une balle au niveau du bras est pris en charge, inconscient, par les services de secours. Une seconde victime féminine, au niveau de l'atelier, est morte au volant de la dépanneuse. Elle a été atteinte de plusieurs projectiles dont un au niveau de la tempe gauche. Il s'agit de madame Virginie Mannechez, une employée qui vivait depuis quelques semaines au-dessus du garage, dans un appartement. Âgée de 33 ans, elle était la mécanicienne, mère d'un garçon de 12 ans. Si on en croit les impacts, les tirs étaient très proches avec une volonté évidente de tuer. Au fond de l'atelier, une autre victime dont le pronostic vital est engagé, est transportée par les secours avec peu de chance de survie.

Entre temps, Frédéric Piard décède des suites de ses blessures. La balle qui l'avait atteint au bras avait traversé la cage thoracique, provoquant une hémorragie interne. Il avait 32 ans, père d'un enfant de 2 ans. Alors que le dernier survivant est emmené, les gendarmes découvrent un pistolet à ses pieds. Les enquêteurs en déduisent assez vite qu'il s'agit de l'auteur des tirs s'appuyant également sur le témoignage d'un ami du garagiste qui a tout vu. Selon lui, un homme est arrivé au garage d'un pas décidé. Il tire sur monsieur Piard et se dirige ensuite vers la dépanneuse. Il tire à plusieurs reprises sur madame Mannechez, avant de retourner l'arme contre lui. C'est donc un double meurtre suivi d'une tentative de suicide. Les gendarmes repèrent une voiture inconnue devant le garage et relèvent son immatriculation. Il s'agit du véhicule de Denis Mannechez. Le lien de parenté avec Virginie est établi, elle est sa fille. Denis Mannechez est conduit au Centre Hospitalier Universitaire (CHU) de Rouen, en hélicoptère. Sa vie est en danger.

L'homme présente un orifice d'entrée sur la tête, mais pas d'orifice de sortie, ce qui signifie que la balle est toujours à l'intérieur. L'arme utilisée est un Browning de calibre 6,35. Ne pouvant l'interroger pour le moment, les gendarmes doivent se contenter des analyses sanguines effectuées qui ne révèlent aucune trace d'alcool ou de produits stupéfiants. Sur place, aucune lettre, ni même une inscription, pour expliquer son geste. Le témoin des faits va même déclarer que Denis s'est avancé devant ses victimes sans ne prononcer aucun mot. Reste à savoir pour quelles raisons cet homme a tué sa fille et le patron de cette dernière.

Le tireur et Virginie Mannechez n'étaient pas des inconnus pour les gendarmes. La jeune femme était déjà venue pour faire part de ses craintes concernant les possibles agissements de son père. Et cela jusqu'à 4 jours avant les faits où elle a de nouveau téléphoné à la gendarmerie pour signaler qu'elle était suivie par ce dernier. Les brigades chargées des surveillances sont averties et l'adjudant Gary Flament passe souvent devant le garage mais ne relève aucune activité suspecte, pas plus que le véhicule de Denis Mannechez. Lorsque Virginie est venue le 3 octobre 2014 à la gendarmerie, elle a tenté d'expliquer les liens qu'elle avait avec son père. Une histoire hors du commun et renversante.

Virginie déclare qu'elle a une relation incestueuse avec son père, qu'elle vivait conjointement avec lui depuis une dizaine d'années. Outre le fait d'être sa fille, c'est également sa compagne. Stupéfaits, les gendarmes se demandent dans quelle affaire ils sont arrivés. Il faut désormais remonter toutes ces histoires jusqu'à l'origine afin de comprendre dans quel mesure Denis Mannechez s'est trouvé dans la position d'abattre sa fille et compagne, ainsi que le patron de cette dernière.

C'est Betty Mennechez, la sœur de Virginie qui va aider les gendarmes à démêler toute l'histoire. Une famille unie, les parents et les cinq enfants, Virginie, Betty, deux garçons et une autre fille qui paraissent parfaitement complices sur les photos. Virginie est née en 1981, c'est la fille aînée de Denis, cadre commercial, et Laurence, mère au foyer. La famille habite une grande demeure à Cuise-la-Motte. Par la route, le village se trouve à une vingtaine de kilomètres à l'est de Compiègne. Soissons se trouve à une trentaine de kilomètres à l'est. Les Mannechez occupent une grande maison au milieu de la forêt de Compiègne. Les enfants avaient toujours les derniers jouets à la mode, les dernières innovations. Derrière cette famille aux apparences heureuses, une autre histoire se déroule dans l'univers familial. Celle d'un père qui avait truffé la maison de caméras et qui terrorisait ses enfants.

Impossible de se rebeller, coups de poings et martinet étaient de mise, sans compter les heures à genou « au coin ». Des humiliations, des coups et pire encore ; les deux petits frères abandonnés dans un cabanon au fond du jardin. Une mère qui se tait aussi. Plus grave encore, lorsqu'une institutrice s'étonne des bleus sur les enfants, elle n'hésite pas à couvrir son mari. Convoquée par la directrice, elle explique que ses filles sont comme ses garçons, bagarreuses. Aucune suite judiciaire ne sera donnée. Les enfants gardent espoir que leur père va changer, ils se contentent de leur quotidien, car avoir des parents, c'est déjà ça. Mais voilà, les années passent et Denis ne change pas. Betty, à l'adolescence, fait des fugues mais revient toujours au domicile, jusqu'à ses 18 ans où elle prend une décision qui va bouleverser toute la famille.

Betty ouvre une fois de plus sa fenêtre de chambre pour s'enfuir et cette fois se rend à la gendarmerie. Elle est persuadée qu'ils sont tous sauvés et qu'ils vont enfin pouvoir vivre. C'est ce fameux rapport de 2002 que les gendarmes vont lire en 2014. Tout est raconté dans les moindres détails, les coups, les humiliations corporelles et psychologiques. Mais bien pire encore attend les enquêteurs dans ces rapports et procès-verbaux de 255 pages de la gendarmerie de Compiègne du 2 mars 2002. Une histoire racontée par Betty Mannechez dans ce qu'il y a de plus intime.

En 1991, Betty est âgée de 8 ans. Dans la maison, un dimanche après-midi, n'étaient présentes que sa sœur Virginie et elle. Denis est venu chercher Betty pour la monter dans sa chambre. N'ayant rien fait de mal, celle-ci s'inquiète. Elle se souvient juste être totalement nue, allongée dans le lit de son père. Betty vient de subir son premier abus sexuel, sa sœur Virginie a immédiatement compris. Lorsque la mère est rentrée vers 16h30, Virginie lui déclare : « Ce que papa me fait, il le fait aussi à Betty ! ». Laurence Mannechez ne montre aucune réaction aux dires de sa fille. Betty, de son côté, a le sentiment de moins souffrir. Elle sait qu'elle n'est plus seule à subir, sa sœur aussi, c'est peut-être normal.

Dans les dépositions, Betty raconte le calvaire vécu pendant de nombreuses années, souvent le soir où son père lui imposait des fellations, des pénétrations vaginales et anales. Betty a subi trois grossesses de la part de son père et trois avortements organisés par sa mère dans trois hôpitaux différents. A chaque fois, la même excuse donnée aux médecins : Betty est une fille facile qui fait le mur et couche partout. La jeune fille avait 13 ans lors du premier avortement. Sa mère reste avec elle durant l'intervention, mais ne la prend jamais dans ses bras. Betty avoue que cela l'aurait aidée.

Betty a donc décidé de porter plainte contre son père pour les violences subies, dix ans plus tôt, mais aussi contre sa mère qui n'a pas dénoncé son mari.

Betty précise aux gendarmes qu'il faut faire vite car ses parents ont déjà mis la maison en vente et sont sur le départ. Le 22 avril 2002, un mois après la plainte, les gendarmes se rendent au domicile et viennent chercher les parents et la sœur Virginie. Denis et Laurence Mannechez sont placés en garde à vue et Virginie est entendue comme témoin. Devant les gendarmes, Denis avoue les faits en ajoutant que ses filles ne lui en tiennent pas rigueur mais qu'il est vrai qu'il n'aurait pas dû le faire. Dans un bureau voisin, sa femme Laurence parle aussi. Pour elle c'est un véritable soulagement que tous les faits aient été mis à la lumière du jour.

Laurence Mannechez n'a pourtant pas tout dit aux gendarmes. Alors, ce sont ses filles qui s'en chargent sans aucun état d'âme. Betty et Virginie déclarent que la participation soi-disant passive de leur mère allait beaucoup plus loin que ce qu'elle avait déclaré. En effet, Laurence envoyait elle-même ses filles, sur demande de son mari, dans le lit conjugal pour subir des viols. Virginie raconte son premier viol à l'initiative de sa mère. Elle est venue la chercher dans sa chambre pour lui demander de rejoindre le lit de son mari, lui expliquant comment faire une fellation. Virginie n'était pas enthousiaste pour y aller, mais l'idée de désobéir ne lui a pas traversé l'esprit. Elle savait pertinemment les sanctions qui seraient prises en cas de refus. Virginie déclare : « Lorsque la famille était en bas et que ma mère me demandait de monter voir mon père dans la chambre, je savais que c'était pour lui faire l'amour... ».

Virginie avoue qu'au fil des années, elle est tombée amoureuse de son père. Brisant ainsi le tabou, oui, elle vit en couple avec son père depuis des années. Un couple incestueux aux yeux de tous, mais un couple tout de même, composé de deux majeurs, Virginie depuis trois ans, consentants avec la bénédiction de la mère. Les gendarmes vont de surprises en surprises avec les nouvelles révélations de la jeune femme : un bébé qu'elle a eu avec son père, il y a quelques mois, alors âgée de 21 ans. Denis Mannechez devient ainsi le père et le grand-père. L'audition terminée, Denis est présenté à un juge d'instruction tandis que Virginie se voit retirer la garde de son fils. Décision dont elle rend sa sœur Betty, âgée alors de 19 ans, responsable.

Même si le code pénal n'interdit pas des relations entre un père et sa fille, du moment que celle-ci est majeure, leur union est toutefois interdite par l'article 161 du code civil : « En ligne directe, le mariage est prohibé entre tous les ascendants et descendants et les alliés dans la même ligne. ». La seule marge de manœuvre de la justice est de savoir à quel moment les relations sexuelles incestueuses ont commencé. Denis Mannechez a-t-il eu des relations sexuelles avec ses filles avant leurs 15 ans qui constituent l'âge de la majorité sexuelle ? Dans cette hypothèse des viols ont été commis par abus d'autorité du père sur ses filles. Betty a déclaré avoir été violée pour la première fois à l'âge de 8 ans et avoir subi sa première Interruption Volontaire de Grossesse (IVG) à 13 ans. Virginie dit à sa sœur qu'elle a été abusée la première fois à l'âge de 6 ans. Elle déclare pourtant aux gendarmes que ce fut à partir de 14 ou 15 ans. La mère parle de 13 ou 14 ans. En tout état de cause, nous sommes bien en dessous des 15 ans. Pourtant l'inceste n'est pas reconnu par le code pénal, sauf si on considère qu'il a été commis par une personne ayant autorité. Il faudra encore attendre quelques années pour que cette notion apparaisse désormais dans nos procédures par l'article 227-27-2-1 du code pénal en vigueur depuis le 23 avril 2021 :

« Les infractions définies aux articles 227-25 à 227-27 sont qualifiées d'incestueuses lorsqu'elles sont commises sur la personne d'un mineur par : 1° Un ascendant ; 2° Un frère, une sœur, un oncle, une tante, un grand-oncle, une grand-tante, un neveu ou une nièce ; 3° Le conjoint, le concubin d'une des personnes mentionnées aux 1° et 2° ou le partenaire lié par un pacte civil de solidarité avec l'une des personnes mentionnées aux mêmes 1° et 2°, s'il a sur le mineur une autorité de droit ou de fait. ». De nombreuses personnes pensent encore aujourd'hui que l'inceste est reconnu depuis des années, pourtant le viol depuis longtemps, est considéré comme un crime et, par le fait, passible de la cour d'assises, même si, en effet, l'affaire ne passait pas systématiquement devant cette juridiction). Il ne l'a été, en tant que tel, que depuis 2021.

Denis Mannechez est donc mis en examen pour viol sur mineures de moins de 15 ans, violences sur ses enfants et incarcéré. Sa femme Laurence l'est aussi pour non-assistance à personnes en danger, non-dénonciation de crime. Elle est laissée libre sous contrôle judiciaire. Pourtant, l'affaire est loin d'être aussi limpide. Quarante-huit heures après son incarcération, Denis va écrire au juge d'instruction pour lui déclarer que son épouse était complice et qu'elle avait eu des relations sexuelles également avec ses filles, en sa compagnie. Ne voulant pas tomber seul, Denis dénonce sa femme. Betty est alors convoquée par la gendarmerie pour savoir si les faits sont avérés.

Betty déclare aux enquêteurs que les faits relatés par son père sont vrais. La jeune femme a bien conscience qu'il s'agit d'un traumatisme profond mais se devait de dire la vérité. Pour elle chaque parent est responsable, aucun des deux ne doit être blanchi. C'est une véritable cassure au sein de la famille. Cette fois, Laurence Mannechez mise en examen pour viol à son tour n'échappe pas à la prison. Les trois autres enfants mineurs, les deux garçons et une petite fille sont placés et tandis que Virginie entreprend les démarches pour récupérer son fils, sa sœur Betty commence à retrouver un certain soulagement. Quelques mois plus tard, elle rencontre un homme qui deviendra son mari et accouche de son premier enfant, se croyant enfin à l'abri. De sa prison, Denis Mannechez réussit à donner l'ordre à Virginie de ne plus parler à sa sœur Betty, de ne plus la rencontrer ni lui permettre de voir le fils qu'ils ont eu ensemble. Si Betty veut revoir sa sœur Virginie et le bébé, il faut qu'elle revienne sur son témoignage. En février 2003, près d'un an après sa plainte, elle écrit à son tour au juge d'instruction. Betty déclare retirer sa plainte, innocentant son père. Elle avoue qu'elle était consentante dans chaque acte sexuel, mais jalouse de sa sœur Virginie. C'est la raison pour laquelle elle a porté plainte et a ainsi éclaté toute la famille.

Du fond de sa cellule, Denis continue à avoir une emprise très forte sur ses filles. Après quelques semaines, il réussit à réintroduire au sein de la procédure de nouveaux dysfonctionnements. Betty prend alors conscience, avec ces manipulations, qu'elle ne pourra jamais échapper à l'emprise de son père. Il reste toujours dans leur tête. La pression psychologique exercée est considérée comme sectaire, au même titre que le pouvoir d'un gourou sur ses « disciples ». Le dernier revirement de Betty fragilise le dossier et le 30 décembre 2003, contre toute attente, Denis Mannechez est libéré. Il retrouve ses fils, Virginie et Betty, alors que la justice lui a interdit d'entrer en contact avec ses victimes. Il reprend son rôle de patriarche, Virginie prend un appartement et vit avec son père. Au niveau de la justice, pas de vérifications policières, pas de soutien psychologique. La vie reprend son cours « normalement ».

Denis Mennechez revient vivre dans l'Oise avec sa fille Virginie et monte un garage avec elle. Dans le même temps, elle récupère la garde de son fils qui est également son frère, Denis étant le père et le grand-père. Pourtant le fils l'appellera toujours « Papa » et ne connaitra que plus tard les détails génétiques. Pour Betty, lorsqu'elle les rencontrait elle devait appeler son père Denis et le petit, tonton. Virginie de son côté fait comme si tout était normal. Le petit vit dans une harmonie parentale que les deux sœurs n'ont jamais connue. Début janvier 2004, Laurence Mannechez est à son tour libérée. Betty ne reverra jamais sa mère qui ne connaitra jamais son petit-fils alors que Betty est enceinte de son deuxième enfant. Laurence a renié sa fille Betty malgré les échanges épistolaires qu'elles ont eus durant l'incarcération.

Le procès de Denis et Laurence Mannechez n'a eu lieu qu'en 2011, soit 9 ans après la plainte de Betty. L'instruction a déjà duré 4 ans, ce qui constitue un délai raisonnable. Le juge a rendu ses conclusions en 2007 pour le renvoi devant la cour d'assises. Par principe, la justice juge en premier lieu, les personnes encore incarcérées. Du fait de leurs libérations, Denis et Laurence ne sont pas une priorité pour que le jugement soit prononcé.

Le procès s'ouvre le 11 mai 2011 devant la cour d'assises de Beauvais, à huis clos. Les accusés encourent chacun 20 ans de prison. Mais les choses ont changé, Virginie a grandi. Elle vit toujours avec son père qui est son compagnon, père de son enfant et principal accusé qu'elle va défendre. Denis se présente non pas comme le patriarche sûr de lui, mais comme un enfant avec la tête baissée. Il raconte alors un premier mensonge à la cour pour déclarer que Virginie et lui c'est du passé. Il avoue avoir eu une relation incestueuse avec sa fille mais y avoir mis un terme car cela n'était pas bien et qu'il ne fallait pas le faire. Chacun vit désormais de son côté : une attitude pour ne pas choquer les jurés et pour tenter de convaincre qu'il n'avait pas violé ses filles.

Denis Mannechez sait qu'il peut compter sur elles et particulièrement sur Betty. Devenue mère et heureuse en ménage il sait qu'elle ne prendra pas le risque de casser à nouveau cette famille et surtout l'harmonie du couple qu'il a créé avec sa sœur. Pour une fois, les parties civiles en présence défendent leur père et principal accusé. Betty sent bien que le seul argument de la justice est l'âge auquel elle a subi les faits. Le reste n'intéresse que l'opinion que chacun peut avoir au regard de l'inceste, longtemps considéré comme un interdit dont on ne doit pas parler. Il fallait absolument que Betty déclare avoir subi l'inceste à 8 ans.

Un deuxième mensonge fait son apparition. La tempête de 1999 est toujours dans les esprits. Cette nuit-là, alors que le vent soufflait très fort et que la cheminée du voisin était tombée, Betty, âgée de 15 ans, a ressenti le désir de coucher avec son père. La défense entend argumenter que la jeune fille avait plus de 15 ans. Betty vit très mal cette situation où elle a été obligée de mentir pour couvrir de nouveau son violeur. Déjà mère depuis 7 ans, elle ressent comme un énorme dégoût mais se sent obligée de persister pour ne pas détruire la nouvelle famille de sa sœur. A côté de son mari, Laurence continue d'avaler les couleuvres mais entend bien remettre « les pendules à l'heure » sur ces prétendus 15 ans. Laurence insiste sur le fait que les viols étaient bien antérieurs à 1999. D'autre part, les éléments du dossier prouvent bien, avec les IVG, que la tempête n'a rien à voir avec l'origine des faits.

Laurence Mennechez paie très cher sa trahison. À l'audience, ses deux filles la crucifient littéralement. Elles insistent sur le fait qu'elle a participé aux viols, sans jamais les défendre, qu'à leurs yeux, ce qu'a commis leur mère est bien pire que leur violeur de père. Denis est secouru par ses filles au-delà de ses espérances. Après trois jours d'audience, la défense plaide : « L'erreur d'un père qui ne recommencera plus », insistant sur le fait qu'il ne fallait plus vivre dans le passé, mais aider ces jeunes femmes à se projeter dans l'avenir. Le délibéré est court, moins de 5 heures. La cour qui n'a pas cru à l'histoire de la tempête condamne l'accusé à 8 ans de prison. Laurence est condamnée à 5 ans pour complicité. Denis fait appel, les deux accusés sortent libres du palais de justice.

Le procès en appel se tient devant la cour d'assises d'Amiens, le 14 novembre 2012. Betty soutient toujours son père devant Virginie. Les deux sœurs sont prêtes à tout pour faire acquitter leur père. Il leur faut un avocat de poids, ce sera Eric Dupont-Moretti, un ami de l'avocat amiénois Hubert Delarue, qui représentera la partie civile. De son côté, Hubert Delarue qui assure toujours la défense de Denis Mannechez est rejoint par un autre poids lourd, Frank Berton. Des ténors, le gratin du barreau français. Sept ans plus tôt ils ont obtenu plusieurs acquittements lors du fameux procès d'Outreau (une affaire pénale concernant des faits d'agression sexuelle sur mineurs entre 1997 et 2000. Un des accusés, François Mourmand, meurt en détention provisoire, le 9 juin 2002, avant le premier procès. Plusieurs accusés ont été maintenus en détention sans de réels motifs. Un fiasco judiciaire).

A quelques jours du procès, la défense se pose une question : « Faut-il conserver la relation incestueuse secrète ? ». Frank Berton et Hubert Delarue tombent d'accord. Cette fois, la relation incestueuse va être reconnue et assumée, tout comme le couple qui vit ensemble. Pour la première fois, en cour d'assises, les avocats vont plaider un nouveau concept « l'inceste consenti ». Toujours dans un procès à huis clos. Virginie apparaît combattive, elle défend son père avec acharnement et déclare que c'est simplement qu'elle l'aime.

L'expert psychologue, lors de son audition, ne croit pas en l'amour dans l'inceste. De plus, comme le souligne le médecin, Virginie aime surtout ce que représente son père. En effet, elle n'a jamais connu d'autres hommes du fait de sa surveillance constante. Difficile alors de comparer. C'est une déposition à charge pour Denis Mannechez. Son avocat tente bien de renverser ce témoignage au profit de son client par un feu nourri de questions. Son but est simple : faire admettre qu'il s'agit d'un inceste amoureux. Hubert Delarue réussit à faire admettre au psychologue qu'il peut y avoir des incestes heureux.

En 2012, cela fait dix ans que Denis et Virginie vivent en concubinage avec ce fils né en 2002. Les avocats de l'accusé principal, en concordance avec la partie civile, ont plaidé « l'inceste heureux » et exhorté la cour à laisser ces deux-là convoler en paix. Le 16 novembre 2012, sa peine est réduite de huit à cinq ans, dont trois ans avec sursis. Le couple qu'il forme avec sa fille Virginie semble épanoui et cet amour inaltérable est plus fort que la loi. Laurence est condamnée à trois ans de prison au lieu de cinq. Les peines fermes ont déjà été effectuées en détention provisoire. Ils ressortent tous les deux libres du tribunal. Betty déclare plus tard que ce n'était pas le procès de son père, Denis Mannechez, mais le procès d'un inceste consentant fait avec ses filles. Elle est écœurée et coupe toute relation avec Denis et Virginie.

Le procès d'Amiens donne comme des ailes à Denis Mannechez. Il accepte même de rencontrer une journaliste dans un café de Compiègne. Il développe cette idée « d'inceste consenti » que la justice vient d'admettre en partie. L'idée également de ne plus apparaître comme un monstre aux yeux de l'opinion publique. Denis va même jusqu'à rejeter la responsabilité sur la tête de la mère, son épouse Laurence. Il se présente comme une victime des femmes qui l'entourent. Mais la journaliste ne se laisse pas manipuler et son article reflète plus les actes d'inceste que la prétendue relation amoureuse.

En 2014, les gendarmes sont désormais en possession de toute l'histoire Mannechez. Il leur reste maintenant à comprendre dans quelle mesure cet « inceste heureux » s'est transformé en crimes. En juillet 2014, quatre mois avant les meurtres, Virginie est une excellente mécanicienne, la meilleure du garage. Frédéric Piard l'avait embauchée, quelques mois plus tôt, pour travailler dans son garage de Gisors. A 33 ans, pour la première fois, elle travaillait seule, sans Denis sur le dos. Ses collègues ne savent rien de sa vie privée, juste qu'elle avait un compagnon un peu possessif. Embrigadée à la maison mais libre au travail, Virginie commence à ouvrir les yeux. Dans le même temps, son fils de 12 ans découvre le secret de sa naissance, son père est aussi son grand-père.

A l'été 2014, Virginie se défait de l'emprise de son père. Dans le plus grand secret, elle contacte une association d'aide aux femmes. Virginie fait un choix irrévocable. Les valises sont prêtes et le 8 septembre 2014, le téléphone sonne. Un moment de répit, une chambre d'hôtel a pu être trouvée en attendant mieux. Virginie détruit la carte SIM de son téléphone et ne donne pas sa nouvelle adresse à la directrice de l'école. Sur conseil de l'association, Virginie se met en congé-maladie et quitte pour le moment le garage, car Denis est à ses trousses. Il essaie d'avoir des renseignements, il demande partout. Le processus criminel se met en place.

A son tour, Betty est de nouveau harcelée par les appels téléphoniques, les SMS. Elle s'inquiète beaucoup, elle sait que s'il ne retrouve pas sa sœur Virginie, c'est sur elle qui va assouvir sa vengeance. Betty sera de nouveau sous son emprise. Sa famille sera donc en danger. Au bout d'une semaine, Virginie doit quitter l'hôtel, elle demande à son employeur de lui trouver quelque chose. Frédéric Piard lui propose immédiatement les deux pièces qui sont situées au-dessus du garage. En fait, son employeur a juste fait preuve de générosité devant la détresse de sa meilleure mécanicienne, sans connaître son histoire. Virginie revient au garage et reprend son travail, à l'affût du moindre visiteur. Elle se cache à chaque fois derrière les véhicules. Interrogée par le père de son employeur, elle avoue ses peurs.

Les craintes de Virginie sont fondées. Le 3 octobre 2014, elle aperçoit Denis dans son véhicule, derrière elle. Elle se réfugie à la gendarmerie de Gisors en expliquant qu'elle est poursuivie. Denis s'en tire une fois de plus : pas de menaces de mort, pas de violence et pas de mesure judiciaire d'éloignement. Les gendarmes ont les mains liées. Virginie se barricade chez elle tout le week-end. Quelques jours plus tard, le 7 octobre 2014, Virginie finit son travail au garage Tenzo. Il est 19h00 et son fils l'attend dans leur appartement à l'étage.

Frédéric Piard s'apprête à rentrer chez lui. Aucun des deux ne voit Denis Mannechez, planqué dans sa voiture, de l'autre côté de la rue. Denis sort de sa voiture avec une arme 6,35 chargée. Frédéric, à proximité est sans doute considéré comme un obstacle à son objectif. Denis n'hésite pas à tirer contre l'employeur de sa fille. Avec la même détermination, il se dirige vers sa fille Virginie pour lui adresser une balle dans la tête, sans la moindre hésitation. C'est un crime de possession, un crime de propriétaire. Virginie c'est sa fille, sa compagne, c'est lui qui l'a élevée et aimée. Elle n'a pas le droit de vivre sans lui. Elle n'a d'ailleurs jamais eu le droit depuis qu'elle est toute petite. Denis Mannechez se tire ensuite une balle dans la tête. Betty n'apprend le drame que le lendemain. Un triste bilan, un père incestueux laissé libre et une justice qui n'a pas voulu aller contre le bonheur affiché d'une relation père-filles.

Pour Betty, à la douleur du deuil s'ajoute la culpabilité de la survivante. Denis Mannechez sort du coma, il doit être jugé pour l'assassinat de sa fille et celui de Frédéric Piard. Mais le juge d'instruction veut en savoir un peu plus sur cet homme et creuse son passé. Denis a été élevé avec 5 autres enfants dans le Pas-De-Calais. Son père en désirait un 7ème mais son épouse a refusé et demandé le divorce. Le jeune garçon en a toujours voulu à sa mère de les avoir abandonnés. Une enfance ballotée entre les foyers et des parents défalllants. A l'âge de 17 ans, Denis rencontre une autre accidentée de la vie, Laurence, sa future femme.

Laurence a eu une enfance difficile avec un père violent et alcoolisé. Elle s'est construite, jour après jour, mais sans les repères essentiels et nécessaires à une vie épanouie. Il est probable que Denis et Laurence manquaient de maturité pour assumer une famille. Tous les deux en perte de repères n'avaient pas les clés pour la construire. Mais voilà, au début de leur relation l'amour était très fort et tout est allé très vite. Comme si les deux blessés de la vie voulaient construire leur propre famille à l'image qu'ils se faisaient d'une vie harmonieuse. Denis, confus dans ses repères, mélange l'amour paternel à l'amour interdit. Laurence couvre les faits commis par son mari, intimidations, coups et surtout inceste auquel il lui arrive de participer, pour faire plaisir à son mari dira-t-elle. Mais aussi en échange de sa carte bleue.

Empêchée de travailler, les seuls plaisirs de Laurence étaient de sortir pour dépenser l'argent. En échange elle couvrait les agissements de son mari qui se faisait plaisir avec ses filles. C'est un cercle pervers sans issue. Pourtant en 1999, alors que Betty n'était âgée que de 15 ans, toute la famille était réunie dans la maison lorsque le père s'est brusquement absenté. Parti dans le grenier la famille entend un grand bruit sourd, Denis Mannechez a tenté de se suicider par pendaison. Grâce à l'intervention de Betty, partie chercher l'aide de la voisine, celle-ci a coupé la sangle et les pompiers sont arrivés. La mère était restée sans réaction.

A l'époque, Denis Mannechez va déclarer : « Je ne supportais plus la vie que je menais, la seule solution était d'attenter à ma vie ». Sans doute un appel au secours, une lueur de lucidité pour ce qu'il faisait vivre à ses filles et à sa femme. Tous les experts sont d'accord pour écarter la thèse du simulacre. Pourtant l'épisode dépressif n'a pas empêché Denis de continuer à violer ses filles durant des années. Tout a pris fin lorsque sa fille Virginie a accepté de vivre avec lui, en couple, et admis qu'il lui fasse un enfant avec la bénédiction du reste de la famille dont tous les repères avaient disparu. La mère Laurence accompagnait sa fille Virginie aux échographies, elle achetait la layette. Laurence considérait le nouveau-né à venir comme l'enfant de la famille au même titre que ses enfants. C'était un petit frère.

Pendant toutes ces années, Virginie n'a vécu que pour son fils. Et c'est pour lui qu'elle s'est enfuie lorsque le secret de sa naissance a été révélé. Le résultat, la colère d'un homme qui n'a pas supporté d'être quitté. Le 3 décembre 2018, la cour d'assises d'Evreux découvre un accusé muet. Denis Mannechez encourt la réclusion criminelle à perpétuité, il a changé d'avocat. Il pénètre dans la cour sur un fauteuil roulant accompagné de son infirmière. Mannechez a perdu l'usage de la parole et ne s'exprime qu'avec une tablette tactile.

Le père tout puissant n'est plus que l'ombre de lui-même, obligé de communiquer avec un clavier d'ordinateur et une voix synthétique comme les appareils de guidage GPS. Ce qui est difficile pour la partie civile est l'image que Denis Mannechez renvoie devant la cour : celle d'un tétraplégique, un homme diminué. Forcément cet aspect peut être bénéfique pour sa défense et son avocat, maître Marc François, en a tout à fait conscience. Sur le banc des parties civiles, une autre famille endeuillée, celle de Frédéric Piard, ce garagiste, patron de sa fille, qui n'avait rien à voir dans l'histoire. Sa seule erreur a été de se trouver là au mauvais moment et d'avoir apporté de l'aide à cette femme qui semblait bien perdue avec son fils, en plein désarroi, voulant se débarrasser d'un père-concubin qui durant des années a abusé de sa crédulité.

Denis Mannechez n'a laissé aucune chance à Frédéric et Virginie, ce soir-là. Toutefois, durant les débats, il se joue autre chose. Une fille, Betty, attend des paroles de réparations de la part de son père. Au côté de sa sœur cadette Samantha, qu'elle ne connait que très peu, âgée de 21 ans, elle s'adresse à son père : « Tu nous as traitées comme des putes, mais nous n'étions pas ta mère. De quel droit as-tu brisé nos vies ? ». Un couinement comme le cri d'un animal blessé sort de la bouche de Denis. Betty se prend la tête et pleure frénétiquement.

Denis Mannechez semble figé puis, lentement, sa bouche se referme. Les pleurs des parties civiles, toutes regroupées dans un coin, s'amplifient, tandis que le cri cesse. Dans un geste engourdi, l'accusé essuie sa bave avec le mouchoir que son infirmière lui tend. Il jette devant lui un regard hagard. Denis Mannechez semble souffrir de ces « réflexes neurologiques incontrôlés » mais la survenue de ce cri, que l'on pourrait qualifier de cri de désespoir, de cri de douleur, l'irruption de ce cri au moment où le cadavre de Virginie fut projeté à l'écran, provoque un trouble. Après la suspension de l'audience, Samantha s'est levée, a jeté un regard noir à son père, et elle a dit : « Ton cinéma, cette fois, ça ne marchera pas, tu entends ? Ça ne marchera pas ». Puis elle a tourné les talons. Sur sa tablette, à l'attention de Betty, Denis déclare s'excuser de tout le mal qu'il a fait. Il assure que Betty est désormais le repaire de la famille. Des mots que la jeune femme attendait depuis des années même s'il était trop tard.

Sur les bancs de la partie civile, le jeune homme privé de sa mère, du haut de ses 16 ans regarde son père grand-père. Denis l'appelle « mon fils ». Il lui faudra plusieurs heures avant d'admettre enfin qu'il est son grand-père. Une manière de reconnaître un inceste qu'il a, jusqu'à présent, toujours nié. Après trois semaines d'audience, l'avocat général requiert la peine maximale. Le 19 décembre 2018, Denis Mannechez est condamné à la prison à perpétuité pour l'assassinat de sa fille Virginie et le meurtre de son patron Frédéric Piard.

La peine prononcée contre Denis Mannechez est sans doute l'une des plus courtes de l'histoire criminelle. En effet, deux jours plus tard, le 21 décembre 2018, Denis Mannechez est retrouvé mort dans sa cellule, une mort… naturelle.

2014 - Remi CHESNE & Audrey LOUVET

Nous sommes le 24 juin 2014 à Sète, une ville de l'Hérault qui bénéficie d'un climat méditerranéen. Les chauffeurs livreurs de l'hôpital Saint-Clair prennent leur café. Pourtant, ce matin, un chauffeur manque à l'appel. Depuis quatre ans qu'il travaille, c'est la première fois que Patrick Isoird n'est pas ponctuel.

L'un de ses collègues, Philippe Spiteri ne s'inquiète pas outre mesure. Il sait qu'il avait un rendez-vous galant, la veille au soir, avec une ex-copine qu'il avait fréquentée 7 ans auparavant. Ses collègues s'amusent donc, de bon matin, de cette panne de réveil de l'homme de 49 ans. Mais un appel téléphonique de la mère de Patrick vient les inquiéter. Depuis son divorce 7 ans plus tôt, Patrick habite chez elle. Et elle se ronge les sangs. La veille au soir, il devait assister au gala de sa fille Alabama âgée de 12 ans. Il n'y est pas venu, ce qui est impensable.

En début d'après-midi, une découverte fait de nouveau grimper l'inquiétude. Un collègue passant près du cimetière croit reconnaître, stationné, le scooter de Patrick. Deux autres collègues décident de le ramener sur le lieu de travail. A l'intérieur de la selle on trouve son blouson, son téléphone, son paquet de cigarettes. Il ne devait pas être très loin. Marc Isoird, son frère, fouille dans le journal d'appel du portable et trouve parmi les derniers numéros appelés, celui de son rancard, Audrey Louvet, qu'il décide d'appeler. Elle déclare à Marc qu'ils se sont bien rencontrés, mais qu'ils se sont quittés devant le cimetière. Marc Isoird décide de prévenir le commissariat.

Audrey Louvet étant la dernière personne à avoir vu Patrick Isoird est convoquée au commissariat par la capitaine Carole Vergnes, du commissariat de Sète, pour apporter son témoignage. Audrey est une mère de famille âgée de 33 ans, elle a rencontré Patrick dans un bar en 2007. Ils sont sortis ensemble quelques jours, puis se sont perdus de vue, jusqu'à ce qu'Audrey reprenne contact. Leur rencontre au cimetière s'est faite car Audrey s'était occupée de personnes âgées et voulait rendre un hommage sur leurs tombes. Ses déclarations sont claires mais dans son attitude elle donne l'impression de ne pas être à son aise. Quant à l'objet exact de leur rencontre, qui n'a duré que 20 minutes, ce n'est pas très clair. Elle a été déposée par un ami, Rémi Chesne, puis est repartie en bus.

La capitaine laisse repartir Audrey Louvet, mais cette histoire la tracasse. Suffisamment pour qu'elle se rende sur place afin d'essayer de comprendre ce qui s'est passé. Carole Vergnes décide d'inspecter tous les chemins, au cas où Patrick Isoird aurait eu un malaise, interroge les commerces alentours. Elle récupère la vidéosurveillance de la station-service située en face du cimetière. On distingue le visage de Patrick Isoird à 16h34, il allume une cigarette et marche avec Audrey Louvet en direction du rond-point du Vignerai, puis leurs silhouettes quittent le champ des caméras. La policière est inquiète et convoque les proches pour en savoir un peu plus sur les habitudes du disparu et cette dernière rencontre.

Les proches de Patrick Isoird n'ont pas grand-chose à dire de cette Audrey. Ses collègues l'ont mis en garde sur la différence d'âge entre eux deux. Patrick est un homme simple qui aime les bonnes choses de la vie, rire, s'amuser et manger. Il joue aux cartes de temps en temps au bistrot « Le terminus ». Pourtant il est raisonné et n'a jamais eu l'intention de jouer son salaire au poker ou au casino. Personne ne lui connaît d'ennemi. Pour faire plaisir à sa fille Alabama, il ne buvait plus une goutte d'alcool. Pourtant, en fouillant dans la vie de Patrick, la capitaine va trouver un événement qui a profondément marqué sa vie. Une relation cinq ans auparavant avec une collègue de travail mariée, Nadège. Une femme rencontrée en 2009 à l'hôpital de Sète.

Le 3 juillet 2009, Nadège organise une soirée à l'hôpital pour fêter sa titularisation. Ce soir-là, les deux amis sont devenus amants. Au petit matin, Patrick a quitté cette femme, la tête pleine de promesses. A sa grande surprise, Nadège après son départ, se pend, quelques heures seulement après leur première étreinte. C'est un événement traumatisant pour Patrick déclare ses collègues. Pendant le récit, le patron de Patrick glisse un détail qui attire l'attention de la capitaine Carole Vergnes. Cette Nadège était mariée à un certain Remi, comme Rémi Chesne qui a accompagné Audrey à son rendez-vous avec Patrick.

La policière fait immédiatement ressortir le dossier sur le suicide de cette femme pour vérifier son identité. Curieuse coïncidence, en 2009 Patrick Isoird a été interrogé dans le cadre de cette disparition. Il déclare à l'époque qu'il avait bien une relation avec Nadège. Il croyait en un avenir avec elle, pensant qu'elle pourrait quitter son mari. De son côté, monsieur Chesne a toujours réfuté le fait que sa femme ait envisagé de le quitter. Les éléments récoltés traduisent une relation qui comptait aux yeux de Patrick et Nadège, mais le mari ne voulait pas l'entendre. L'enquête sur la disparition bascule sur une autre perspective qui pourrait être criminelle. Mais avant d'arriver à cette conclusion il y a beaucoup de travail, entre autres vérifier les alibis et la géolocalisation téléphonique des différentes personnes.

Les premiers éléments traduisent un échange important de SMS entre Audrey Louvet et Rémi Chesne durant les derniers mois, pas moins de 300 messages, tous effacés, ce qui intrigue les enquêteurs. A chaque fois qu'Audrey a un échange téléphonique avec Patrick, quelques minutes après elle appelle Rémi, comme si elle rendait des comptes et ce jusqu'au jour de la disparition de Patrick. Durant le rendez-vous avec ce dernier, les portables de Rémi et Audrey sont coupés. Le lendemain de la disparition les échanges reprennent. Les enquêteurs ont demandé à récupérer les messages échangés, mais la société Apple aux Etats-Unis a refusé.

La capitaine Carole Vergnes pense de plus en plus à la vengeance d'un homme, des années après, qui s'est servi d'une relation commune pour mettre au point ses représailles. La policière alerte le parquet et se trouve dessaisie au profit de la police judiciaire car il s'agit probablement d'un homicide. Avec une certaine frustration elle accepte ce passage de mains pour le bien de l'enquête et de la famille. La police judiciaire a des moyens qu'elle n'a pas. Le parquet ouvre une information judiciaire pour enlèvement et séquestration et saisit un juge d'instruction qui confie l'enquête à la police judiciaire de Montpellier, ville située à 10 kilomètres de la mer Méditerranée, connue notamment pour son imposante cathédrale gothique Saint-Pierre qui se distingue par des tours coniques et qui date de 1364. Les policiers de la PJ partagent immédiatement les mêmes conclusions que leur collègue de Sète : ça ne sent pas bon.

Les deux suspects sont placés sur écoute et des filatures sont organisées. Curieusement, Audrey et Rémi gardent leurs distances, ne s'appellent plus et ne se voient pas. Après deux semaines de la disparition de Patrick Isoird, la police décide de changer de tactique. Le 7 juillet 2014, c'est garde à vue pour Rémi Chesne et Audrey Louvet. Comme l'explique Boris Verrieres, le commandant du Service Régional de Police Judiciaire (SRPJ), la rencontre entre les deux personnes a été fortuite. Audrey se balade dans la rue lorsqu'elle remarque la voiture professionnelle de Rémy Chesne, coiffeur. Elle relève le numéro et l'appelle pour qu'il vienne coiffer ses enfants.

Une liaison est née en 2011 qui n'a duré que quelques mois. Après leur séparation, Rémi Chesne a refait sa vie avec une autre femme mais il continue toujours de passer chez Audrey pour bavarder, boire un café, couper les cheveux des enfants. Ils sont restés très amis. Alors que Rémi est une personne organisée, maniaque dans la propreté, Audrey est plutôt issue d'un milieu défavorisé. Elle nettoie son appartement « à l'occasion », elle n'a pas de diplôme et vit de revenus minimums sociaux, de petites astuces et du travail au « black ». Elle est toujours dans la « débrouille ». La jeune femme élève seule ses enfants de 9 et 13 ans dans des conditions précaires et une certaine immaturité.

Elle est l'opposée de Rémi Chesne, cet homme de 44 ans qui vit toujours avec sa fille de 12 ans dans le pavillon où s'est suicidé Nadège. Bien que d'une intelligence moyenne, il sait s'entourer de personnes dans ses relations sur lesquelles il peut exercer une influence. C'était le cas de Nadège, mais aussi celui d'Audrey. Une emprise qui surprend la jeune femme lorsque les policiers lui parlent de son ancien amant Rémi. Audrey ignore beaucoup de chose sur Chesne qui lui a menti sur de nombreux sujets. Rémi possède 400 000 euros sur ses comptes courants alors qu'il se présente comme une personne dans le besoin. Les policiers savent qu'ils vont faire « mouche » sur cette histoire d'argent, Audrey étant toujours en difficulté financière.

Audrey Louvet fait part de son étonnement sur l'aisance de Rémi Chesne qui, parfois, lui empruntait quelques boites de conserve pour nourrir sa fille, expliquant qu'il était dans une situation difficile. Elle ignorait que Rémi était propriétaire de son pavillon et que son affaire marchait bien. Rémi a raconté à Audrey qu'il souffrait d'un cancer, ce qui s'avère totalement faux. Le but de Rémi était de donner une image de lui dévalorisée pour pouvoir manipuler Audrey. Durant son interrogatoire, la jeune femme déclare qu'elle ignorait la relation passée entre Patrick Isoird et Nadège Chesne, pas plus que le suicide de cette dernière. Audrey Louvet apparaît choquée de toutes ces révélations. Si elle craque, les enquêteurs espèrent obtenir des explications sur la disparition de Patrick. Malheureusement elle tient bon, tout comme Patrick Chesne dans l'autre pièce qui minimise la relation entre son épouse décédée et Patrick Isoird, parlant plutôt d'une rumeur.

Rémi Chesne ignore que la police judiciaire a récupéré la procédure sur le suicide de son épouse. Dans sa déclaration de l'époque il raconte le geste de Nadège : « Ma femme s'est pendue dans le garage, après une soirée où elle a eu une relation avec l'un de ses collègues qui s'appelle Patrick, et voici son numéro de téléphone… ». Les enquêteurs sont persuadés que Rémi Chesne aujourd'hui ment. Le commandant Verrières poursuit, persuadé qu'il y a encore d'autres mensonges.

Le jour de la disparition de Patrick Isoird, le 23 juin 2014, Rémi Chesne est assez vague sur son emploi du temps. Les enquêteurs lui tendent la perche en lui précisant que ce jour-là, il a déposé Audrey Louvet à un rendez-vous. Effectivement, Rémy déclare avoir aperçu Audrey à un arrêt de bus, il lui a donc proposé de la déposer. Ensuite, il s'est rendu à son local commercial. Son récit se tient, à un détail près qui n'échappe pas aux policiers. Rémy Chesne ne dit jamais qu'il est retourné à son domicile pour aller chercher les clés de son local qu'il avait oubliées, déplacement confirmé par la géolocalisation de son téléphone. Les enquêteurs, persuadés d'avoir assez d'éléments à charge décident de déférer les deux suspects devant la juge d'instruction, mais la justice bloque.

La juge d'instruction, sans aveux et sans corps, refuse de mettre en examen les deux suspects et ordonne leur remise en liberté. La police décide toutefois de continuer la surveillance et le 17 juillet 2014, la patience va payer. Les enquêteurs décident de réinterroger tous les proches de Patrick Isoird. Le collègue qui a retrouvé le scooter, le lendemain de la disparition, déclare qu'il a pensé à une grotte qu'ils connaissent tous depuis leur tendre enfance, la grotte du Vignerai. Une entrée de galerie où les adolescents aiment s'amuser à se faire peur.

La grotte se trouve à 200 mètres de l'endroit où Patrick Isoird avait rendez-vous avec Audrey Louvet. Le collègue indique aux policiers qu'il s'y est rendu le lendemain de la disparition mais sans s'enfoncer très loin. Les enquêteurs décident de se rendre sur place. Après 15 mètres à l'intérieur, ils sentent une odeur qu'ils ne connaissent que trop bien. En avançant, ils découvrent, dans une cavité, un corps sectionné, en état de décomposition et partiellement calciné. Le bruit des sirènes et le va-et-vient des camions de police et pompiers finit par ameuter les voisins. L'un d'entre eux avertit Marc, le frère de Patrick Isoird. Sur place, son entrée est interdite dans l'attente de l'identification et des différents relevés. C'est une scène de crime. Le corps est identifié comme étant celui de Patrick Isoird, grâce à l'ADN et à des traces de tatouages.

L'autopsie va conclure à une mort par arme à feu, du calibre 12, avant la crémation mise en œuvre à quelques centimètres de distance Pourtant aucune trace d'empreintes ou d'ADN du ou des auteurs ne peut être relevée. Quelques fibres sont retrouvées sur le visage de la victime. Marc Isoird savait au fond de lui qu'il ne reverrait pas son frère vivant. Mais comment annoncer cette mort à sa mère âgée de 86 ans ? Sa fille, Alabama, est avertie par sa mère, elle s'effondre de chagrin, alors que toute la famille assiste au journal télévisé relatant la découverte du corps. Les enquêteurs sont persuadés que le coiffeur est dans le coup, mais pas tout seul.

Les recherches dans l'entourage des deux suspects ne donnent rien. Pourtant, à plusieurs reprises, des collègues de travail ont entendu Patrick Isoird se plaindre de Rémi Chesne et de ses menaces après la mort de Nadège, notamment : « Un jour, je t'aurai ! ». C'est effectivement lui sur qui pèse le mobile le plus sérieux dans cette affaire. L'examen du téléphone de Rémi Chesne conforte à nouveau les soupçons de la police judiciaire, mais cela ne suffit pas à prouver qu'il est l'auteur du tir. Les enquêteurs vont donc reprendre un à un tous les indices retrouvés dans la grotte, à commencer par un ruban adhésif qui entravait la victime. Cet adhésif sert d'isolant pour le chauffage et la climatisation, acheté par plus de 2 000 professionnels dans la région ces deux dernières années. Les policiers vont tous les rechercher, sans résultat, pas plus que pour l'essence qui a servi à incendier le corps : pas de trace de l'acheteur.

Il faudrait retrouver l'arme du crime. Rémi Chesne, lors de sa garde à vue, avoue avoir détenu un permis de chasse dans sa jeunesse, mais chez lui on ne trouve ni fusil, ni munition. Les enquêteurs espèrent bien garder Rémi Chesne dans la liste des suspects, car ils détiennent encore un élément dit « à la Columbo » : un mégot de cigarette retrouvé à deux mètres du corps de Patrick Isoird. L'ADN qui ressort est celui de la victime. Les vidéosurveillances de la station-service montrent bien la victime allumant une cigarette lorsqu'il se dirige vers la grotte avec Audrey Louvet. Elle a sans doute servi d'appât, sa culpabilité pour les policiers est évidente.

L'enquête avance mais lentement, au désespoir de la famille Isoird. En février 2016, Marc, son frère, participe à sa première émission de télévision, un appel à témoin en direct qui porte ses fruits. Au standard de l'émission, une femme affirme qu'elle a reçu les confidences d'Audrey Louvet puis elle raccroche sans donner de nom, ni de numéro de téléphone, mais la police retrace l'appel. Les enquêteurs trouvent une voisine qui fréquente Audrey depuis 2015. Cette femme précise que dans les confidences d'Audrey, il ressort qu'elle a été manipulée et utilisée pour servir d'appât afin d'amener Patrick Isoird à l'intérieur de la grotte. Le 31 mars 2016, Audrey Louvet et Rémi Chesne sont de nouveau interpellés et s'insurgent devant la juge d'instruction. Mais cette fois c'est la mise en examen pour assassinat et l'incarcération.

La détention provisoire est un moyen de pression très important pour Audrey Louvet. Elle va se laisser aller chez la juge d'instruction au fur et à mesure de ses interrogatoires. Après cinq mois derrière les barreaux, Audrey s'attendrit. Selon ses déclarations, Rémi Chesne lui a vendu une bien curieuse histoire. Prétextant auprès d'elle qu'il avait des soucis avec un homme qui lui devait beaucoup d'argent, il risquait de fermer son salon et de perdre sa fille qui serait alors confiée aux services sociaux. Il a contacté des personnes qui savent raisonner les mauvais payeurs, mais a besoin d'Audrey pour attirer l'homme dans la grotte.

Rémi Chesne montre la photo de son débiteur à Audrey Louvet. Elle reconnaît Patrick Isoird et lui déclare qu'elle a eu une relation avec lui pendant quelques mois. Rémi Chesne lui répond alors qu'il s'agit d'un signe du destin et que c'est elle qui doit l'aider. Audrey Louvet y croit. Elle prend contact avec Patrick, ce 23 juin 2014, à la demande du coiffeur. Elle doit juste le faire entrer dans la grotte et partir. Mais ses aveux laissent la juge dubitative. Cinq mois plus tard, elle complète son récit devant la magistrate. Elle est entrée dans la grotte avec Patrick, a parcouru quelques mètres et a aperçu un homme avec un masque vénitien, armé d'un fusil. Elle a reconnu Rémi Chesne à sa voix, qui lui a donné l'ordre de prendre ses affaires et de s'en aller. Mais si tel est le cas, comment Rémi Chesne a menacé et ligoté, seul, Patrick Isoird ?

Le 23 juin 2017, la juge d'instruction organise une reconstitution. C'est une fois de plus Audrey Louvet qui va créer la surprise. Sous une chaleur caniculaire, les deux suspects vont rejouer leur journée du 23 juin, trois ans plus tôt. Rémy Chesne refuse d'entrer dans la grotte, prétextant qu'il n'y est jamais venu. Donc, pourquoi reconstituer des faits auxquels il n'a pas participé ? C'est Audrey qui pénètre dans la grotte pour tenter d'identifier l'arme parmi quatre fusils et dire quelle est celle qui ressemble le plus à l'arme du crime qui n'a jamais été retrouvée. La version change.

Audrey Louvet déclare que Rémi Chesne ne lui a jamais demandé de partir mais a forcé les deux individus, elle et Patrick Isoird, à entrer dans la cavité déposant leur portable au sol. Rémy Chesne lui a demandée alors d'attacher Patrick avec du ruban adhésif aux épaules et sur le sac en toile placé sur sa tête. Ce qui explique les fibres retrouvées sur le visage de la victime. Ce détail capital, non révélé jusque là, accrédite le récit d'Audrey. C'est seulement une fois cela fait que Rémi Chesne lui demande de rassembler ses affaires et d'aller l'attendre à l'endroit qu'il lui a indiqué. Pour la première fois, Audrey Louvet avoue sa complicité. Elle n'a pas servi d'appât mais a entravé Patrick Isoird. Cela a duré une vingtaine de minutes d'après la jeune femme qui a commencé par une attente au rond-point du Vignerai.

Les événements décrits par la jeune femme sont dénoncés par la défense. Ils insistent sur le manque de lumière dans la grotte. Quelqu'un a forcément éclairé. Le mobile de Rémi : une vengeance cinq ans après ? Un peu mince. Patrick Chesne est un homme qui n'a jamais fait parler de lui jusqu'à présent, travailleur et proche de sa famille, un profil qui ne colle pas avec celui d'un assassin manipulateur et froid. D'autre part, Rémi Chesne vit le parfait amour avec sa nouvelle compagne, il aide sa fille à parfaire ses études. Pourquoi prendre le risque de tout perdre ?

Rémy Chesne déclare à la juge d'instruction qu'il n'a jamais rendu responsable Patrick Isoird de la mort de sa femme. Les menaces faites au moment de la mort de Nadège n'ont pas été proférées en public. Il s'agit des déclarations à l'époque de Patrick Isoird. D'autre part, Rémi insiste sur le fait que s'il devait en vouloir à quelqu'un ce serait à sa femme qui lui a été infidèle. Pourtant, un expert psychiatre tente d'expliquer la longue attente avant la vengeance. Pour lui cela relève d'une personnalité de type maniaque. C'est un homme méticuleux, très organisé, qui ne veut pas que les choses lui échappent. Il prend donc le temps de ranger et planifier les événements afin de leur donner toute leur importance. L'expertise vient soutenir l'accusation, étrillée aussitôt par la défense.

Le procès s'ouvre le 18 janvier 2021 devant la cour d'assises de l'Hérault. Audrey Louvet et Rémi Chesne sont tous les deux envoyés dans le box des accusés pour assassinat, l'un se dit innocent l'autre se déclare manipulée. Ils risquent chacun la prison à perpétuité. Rémi se sent sûr de lui, il connaît bien le dossier, est prêt à répondre à toutes les questions pour discréditer les accusations dont il fait l'objet. Inversement Audrey Louvet est une jeune femme qui semble paumée, pas vraiment consciente de l'endroit où elle se trouve. Pour sa défense, la tâche est colossale : faire reconnaître leur cliente coupable uniquement de complicité d'enlèvement, sans qu'elle ait connu l'issue de la journée voulue par Rémi, permettant ainsi de la dégager de son accusation d'assassinat.

Pour la défense de Rémi Chesne, le dossier se complique, surtout lorsqu'on vient évoquer le décès de sa femme Nadège. La question essentielle réside dans le fait que Rémi Chesne aurait pu « suicider » sa femme après son aveu d'infidélité et tuer Patrick Isoird, des années plus tard. La partie civile représentant la victime va évidemment faire peser le fait que Rémi Chesne n'est pas un meurtrier ordinaire mais un « sérial killer » (tueur en série) qui a assassiné sa femme et assassiné son amant ensuite. Rémi Chesne s'insurge, répétant qu'il est innocent et meurtri qu'on lui reproche la mort de la mère de sa fille qu'il aimait profondément. Sa fille vient au secours de son père, livrant deux lettres que sa mère lui a laissées lui déclarant que plus tard son papa lui expliquerait les raisons de son départ et qu'elle continuerait de la protéger du ciel.

Ces lettres laissent à penser que Rémi Chesne n'est pas responsable de près ou de loin dans le suicide de son épouse. Pourtant la cour n'arrive pas à se détourner de sa responsabilité dans la mort de Patrick Isoird. Rémi le comprend et commence à s'énerver, s'enfermant dans le rôle d'un coupable parfait qui ne parle pas, sauf pour tout nier. Il creuse ainsi sa tombe judiciaire sans s'en rendre compte. L'avocat général, Georges Gutierrez, réclame la prison à perpétuité pour les assassinats de Patrick Isoird et de Nadège contre Rémi Chesne et dix ans de réclusion pour sa co-accusée, Audrey Louvet, pour complicité d'assassinat sur Patrick Isoird.

Au moment du verdict, le 29 janvier 2021, la cour ne retient contre Audrey Louvet que la séquestration et la condamne à 12 ans de prison abandonnant la complicité d'assassinat. Rémi Chesne échappe à la perpétuité. Ce seront 30 ans de réclusion criminelle pour enlèvement, séquestration et assassinat sur Patrick Isoird, innocenté pour le suicide de son épouse. Il décide de ne pas faire appel. Alors, aveu de culpabilité ou perte de foi en la justice ?...

Les grands criminels 10

2017 - Daniel MALGOUYRES

L'histoire se déroule dans le jardin de Saint-Adrien dans le département de l'Hérault, lieu privé idyllique situé à quelques kilomètres de Servian, elle-même à 15 kilomètres de Béziers et à 63 kilomètres de Montpellier. Les propriétaires sont Daniel et Françoise Malgouyres qui, à force d'efforts et de travail, ont transformé ce lieu abandonné en un havre de paix élu « meilleur jardin des français » en 2013, dans l'émission de Stéphane Bern.

Le site a été bâti sur une ancienne carrière de pierres qui, depuis des années, s'était transformée en décharge publique. Les anciennes carrières datant du Moyen Age se sont transformées peu à peu en un écrin de verdure, paradoxales oasis posées sur les roches volcaniques. Daniel Malgouyres, fils de viticulteur, a joué, enfant, dans ces carrières quand il accompagnait son père à la vigne. Adulte, il les a achetées avec le projet de les réhabiliter. Avec l'aide de son épouse Françoise, il va ainsi débroussailler les genêts et les ronces, vider les gravats et les carcasses de voitures, combler certains vides. Année après année, le couple s'évertue à transformer son domaine de Servian en véritable oasis. Petit à petit, les affaires fleurissent, des visites sont organisées.

Le 5 octobre 2017, Daniel et Françoise Malgouyres soupent tranquillement lorsque le chien aboie, les prévenant peut-être d'un danger ou d'une intrusion. Daniel pousse deux petits cris ce qui fait réagir Françoise, elle se dirige vers son mari et se trouve face à un homme déguisé, d'environ 1,80 mètre, portant une arme. L'homme assène à Françoise un coup sur le nez. L'inconnu est présent avec un complice et force le couple à rentrer à leur domicile. Menaçant, le premier homme déclare qu'il sait que la maison possède un coffre-fort et demande qu'il soit ouvert.

Françoise répond à son agresseur que le couple ne possède pas de coffre-fort. Ce dernier n'a pour seule réponse que deux coups de poing sur la tête de Françoise. Daniel Malgouyres demande à son épouse de conduire les deux malfaiteurs devant le coffre, ce que Françoise n'apprécie pas. Elle donne aux deux hommes les 500 euros contenus dans une caisse dans le séjour et qui représente la recette de la semaine. L'homme donne de nouveau un coup sur la tête de Françoise.

Daniel Malgouyres déclare qu'il a, dans une pièce de l'étage, une somme de 1 000 euros. Il monte l'escalier, accompagné d'un des deux hommes, tandis que le second menace Françoise lui plaçant une arme à feu au niveau du sternum (partie antérieure de la cage thoracique). Après un délai de deux minutes, Françoise et le second malfaiteur entendent un coup de feu venant du 1er étage. Daniel descend, armé d'un fusil Le complice est paniqué menaçant Françoise au sol. Daniel parvient toutefois à déclencher l'alarme qui fait un boucan terrible.

Les gendarmes arrivent sur place avec les techniciens de l'identité judiciaire, alors que le second malfaiteur a préféré s'enfuir sans demander son reste. Les militaires se rendent au premier étage de l'habitation, la chambre des propriétaires. Au sol se trouve une personne gantée, vêtue de noir, décédée, abattue avec vraisemblablement un fusil de chasse. L'homme porte un sac à dos qui contient tout le matériel nécessaire pour effectuer un cambriolage, petit outillage et ruban adhésif. Pourtant la personne ne possède pas d'arme, c'est ce qui surprend les enquêteurs. La situation de Daniel commence à se compliquer. Si son agresseur n'était pas armé, la thèse de la légitime défense va sans doute être difficile à obtenir. Daniel déclare aux enquêteurs qu'il a subi des coups. D'ailleurs du sang a coulé de son oreille gauche. Les gendarmes sont persuadés que ce sang appartient à la victime et qu'il est dû aux projections lorsqu'il a fait feu.

Durant sa garde à vue, Daniel Malgouyres va déclarer qu'il n'a eu le choix que de tirer, sentant sa dernière heure arrivée. La garde à vue terminée, Daniel est mis en examen pour meurtre, toutefois son incarcération n'est pas décidée. Il est placé sous contrôle judiciaire, laissant une porte d'entrée à la légitime défense. Pour certains, Daniel Malgouyres est un héros qui n'a fait que défendre sa femme et ses biens contre des voyous qui cherchaient à s'en prendre aux fruits de leur travail. Il faut dire que dans le sud de la France on attache beaucoup d'importance à la défense des biens personnels et à la légitime défense. En quelques heures, un comité de soutien se forme et après quelques semaines plus de 120 000 signatures sont récoltées pour la défense de Daniel Malgouyres.

L'enquête continue et les empreintes du malfaiteur décédé appartiennent à un certain David Viers, connu des services pour des petits délits, loin du méfait que l'on pourrait lui reprocher aujourd'hui. Les gendarmes se rendent à son domicile situé à Cabestany, une commune du département des Pyrénées-Orientales. Sur place ils rencontrent sa compagne qui déclare que David avait rendez-vous le matin même avec un copain, un certain « Bruno » dont elle communique le numéro de téléphone. L'homme est rapidement identifié au nom de Bruno Richard.

Les gendarmes décident d'interpeller Richard, aidés notamment par les dernières déclarations de Daniel Malgouyres, précisant qu'il a retrouvé une cagoule en bordure du parking nord de la propriété. Une fois saisie par les enquêteurs, elle est envoyée à l'Institut de Recherche Criminelle de la Gendarmerie Nationale (IRCGN) pour identification de l'ADN. Richard Bruno est un ami de David Viers, c'est avec lui qu'il dispute l'essentiel de ses parties de poker. Dans les jours qui ont précédé le cambriolage, de nombreux appels téléphoniques ont été échangés entre les deux hommes. De plus le bornage de leurs téléphones indique qu'ils se trouvaient souvent ensemble durant ce même laps de temps.

Bruno Richard est placé en garde à vue, il est confondu par les résultats ADN. Bruno n'a pas d'autre choix que d'avouer être le deuxième malfaiteur qui a participé au cambriolage de la maison des époux Malgouyres. Pourtant, à la grande surprise des enquêteurs, l'homme va se livrer sur les événements, créant un véritable rebondissement dans le déroulé des faits. Pour lui, le propriétaire des jardins, Daniel Malgouyres, est le commanditaire du cambriolage. Le but était de prendre l'argent contenu dans le coffre appartenant à Françoise Malgouyres et ainsi faire peur à son épouse afin qu'elle quitte la propriété du jardin de Saint-Adrien. Selon les déclarations de Bruno Richard, le couple ne s'entendait plus et le mari entretenait une relation avec une maîtresse brésilienne depuis quelques mois.

Les gendarmes demandent naturellement à Bruno Richard d'apporter des éléments afin de prouver ses déclarations. Bruno donne tous les détails de la préparation mis au point avec son complice David Viers, l'emplacement des caméras, la relation extraconjugale, le contenu du coffre et des détails sur la villa et son fonctionnement, connus uniquement par des proches. Le 18 octobre 2017, Daniel Malgouyres est placé en garde à vue pour la seconde fois. Il est mis en examen pour complicité dans son propre « home-jacking » (vol commis au sein d'un domicile en présence des habitants).

Françoise Malgouyres est interrogée à son tour à la suite des récentes révélations de Bruno Richard. Elle n'en croit pas un mot. Elle avoue qu'après 38 ans de relation avec son époux, il a pu apparaître des moments de tension, comme dans tous les couples, mais que son mari était incapable de commettre un tel fait. Pour elle, le complice ment, forcément. Les enquêteurs décident de vérifier si Daniel Malgouyres entretient des liens avec les deux malfaiteurs, David Viers et Bruno Richard. Les investigations menées se révèlent infructueuses. Aucun lien n'a été trouvé, aussi bien en ce qui concerne les éventuelles rencontres, les échanges téléphoniques potentiels, tout comme des visites en amont effectuées, même en touriste, au jardin Saint-Adrien. Le reste de l'enquête va démontrer que Daniel Malgouyres a effectivement une maîtresse colombienne et non pas brésilienne, et que les caméras à l'entrée ne sont que fictives.

Le 30 août 2018, une reconstitution des faits est organisée. Le juge d'instruction formule une hypothèse. Devant le refus d'ouvrir le coffre de Françoise Malgouyres, il est possible que David Viers, monté à l'étage avec le mari, l'ait menacé en lui précisant que la situation était bloquée et que malgré sa demande de faux cambriolage, ils ne repartiraient pas les mains vides. A ce moment, Daniel Malgouyres a tiré sur David Viers pour se faire passer pour la victime, avec sa femme, d'un cambriolage ; seul moyen pour lui de s'en sortir. Le complice Bruno Richard sent que l'affaire leur échappe et préfère fuir. Naturellement, devant l'insistance de l'avocat de Daniel Malgouyres, cela reste une hypothèse.

Durant l'enquête, les gendarmes découvrent que le couple rencontre des difficultés depuis plusieurs mois. Le 16 mai 2017, Françoise Malgouyres est victime d'un accident avec son cheval et restera 12 jours dans le coma. Durant son hospitalisation, seuls ses enfants Olivier et Aurélie viendront la voir. Son époux pendant le mois d'hospitalisation ne viendra lui rendre visite qu'à deux reprises, débordé par ses activités professionnelles. A son retour de l'hôpital, Françoise se rend bien compte que son mari entretient une relation avec l'une des employées, colombienne, sensiblement du même âge qu'elle. Après une explication, Daniel annonce à son épouse qu'il veut divorcer.

A la lecture de l'acte notarié concernant la propriété, Françoise s'aperçoit que le couple est marié sous le régime des biens propres. Françoise ne possède rien, la propriété est exclusivement à son mari Daniel. Un détail qu'elle n'avait jamais remarqué, c'est son mari qui s'occupait des papiers et leur amour semblait indestructible. A la lumière de ces informations, Françoise refuse de divorcer tant que la situation ne sera pas clarifiée.

Grace à la pression des enfants, la clause attribuant la totalité des biens à Daniel Malgouyres a été retirée. Même si le couple était à la dérive, il leur était impossible de voir leur mère ne pouvoir récupérer le moindre bien. Le contrat de mariage a donc été modifié pour revenir à un mariage conventionnel, réduit aux acquêts, un mois avant, en septembre 2017. Daniel n'avait donc plus d'intérêt à organiser un hypothétique cambriolage. Les recettes générées par les visites du jardin d'Adrien vont donc être mises de côté dans de nombreux bocaux dissimulés à plusieurs endroits de la maison afin de payer moins d'impôts, ce qui deviendra un enjeu important au moment du divorce. A son retour de l'hôpital ne trouvant plus les bocaux, Françoise interroge son mari qui lui remet immédiatement la moitié des sommes représentant 100 000 euros que Françoise va placer dans un coffre. Daniel aurait donc organisé ce cambriolage pour récupérer cet argent. Les gendarmes partent à la recherche d'un éventuel intermédiaire.

Richard Bruno a un père assez proche d'un personnage pour le moins assez sombre, Richard Llop. C'est lui le lien entre Richard Bruno et le propriétaire Daniel Malgouyres. Llop est le moniteur d'équitation engagé par le domaine, mais aussi le confident des époux Malgouyres. Il habite Aubais, située dans le sud du département du Gard. Il est en outre le dernier à avoir quitté les jardins Saint-Adrien le jour de l'agression. En garde à vue, Richard Llop va nier son implication dans les faits, il va juste déclarer être informé de la liaison de Daniel avec une certaine brésilienne, Yolanda. Il ajoute que le domaine possède des caméras de surveillance qu'il pense être en état de fonctionnement.

Les gendarmes sont persuadés que les renseignements donnés proviennent bien de Richard Bruno, notamment à cause de ces deux erreurs : Yolanda qualifiée de brésilienne alors qu'elle est colombienne et les caméras soi-disant réelles qui ne sont que factices. Les enquêteurs imaginent mal Daniel Malgouyres se tromper sur la nationalité de sa maîtresse, et aussi sur les caméras à l'entrée du domaine. Richard Llop est donc présenté à un magistrat à l'issue de sa garde à vue et sera incarcéré, après la décision du juge des Libertés et de la Détention, seul habilité à prendre cette mesure. Avant la réforme, cette prérogative était celle du juge d'instruction.

Les gendarmes vont désormais s'intéresser à la téléphonie et aux éventuelles rencontres entre Bruno Richard, David Viers et Richard Llop autour du 5 octobre 2017. Les trois téléphones convergent le midi dans un restaurant d'Aigues-Vives, située en Vaunage, dans le sud du département du Gard. On peut imaginer une réunion préparatoire au cours de laquelle les rôles et consignes sont distribuées. En analysant le portable de Richard Llop on s'aperçoit que ce dernier, durant le repas, a visionné certaines photos du domaine des Malgouyres en les agrandissant pour les montrer à Bruno Richard et David Viers qui ne connaissent pas les lieux, sans doute pour leur indiquer le moyen de pénétrer et sortir du domaine.

Richard Llop est un homme très intelligent qui se rend compte rapidement qu'il a été confondu par l'enquête des gendarmes. Il ne peut plus nier sa participation au « home-jacking ». Seule solution pour lui : jouer la carte d'un cambriolage commandité par Daniel Malgouyres. Après tout, le seul mort dans cette histoire c'est David Viers, abattu semble-t-il en légitime défense par le propriétaire et ami de l'entraîneur hippique. Lorsque Françoise apprend l'implication de Richard, elle n'en revient pas. Celui qu'elle considérait comme un grand frère, son confident avec qui elle a fêté son anniversaire le 9 octobre 2017, deux jours après les faits. Une photo a même immortalisé ce moment d'amitié.

Les trois personnes sont interpellées et placées en détention : Bruno Richard, Richard Llop et Daniel Malgouyres. Durant leur incarcération, ces trois personnes arrivent à utiliser leur téléphone portable, malgré leur placement sur écoute. Une conversation entre Richard Llop et son épouse Johanna est captée : Richard parle d'un caillou bleu, sans doute un message codé. Les gendarmes montent un dispositif de surveillance autour du centre équestre, propriété des Llop, pour surveiller Johanna.

Le 9 janvier 2018, Johanna se trouve sur une tractopelle, près des box à chevaux. Elle déterre un bidon bleu et referme le trou. C'est ce moment que les gendarmes choisissent pour intervenir. Ils découvrent à l'intérieur du bidon 9 pots de stérilisation remplis de billets, pour une somme totale de 105 000 euros. Après le cambriolage, c'est Françoise Malgouyres qui avait confié cette somme à Richard, ayant confiance en lui. Lorsque Françoise apprend que son ami Richard a décidé au mois de janvier de déterrer la somme qu'elle lui avait confiée, avec la complicité de sa femme, afin de tout garder, Françoise tombe de très haut. La confiance dont elle avait fait preuve envers cet ami s'effondre. Cette péripétie où, cette fois, l'implication de Richard Llop ne fait aucun doute, rend Françoise furieuse. Elle sait désormais qu'elle ne pourra jamais pardonner à Richard ce qu'il lui a fait. La surprise continue lorsque l'enquête démontre que cet homme n'en est pas à son coup d'essai.

Quelques semaines auparavant, Richard Llop a fait venir sur le terrain Saint-Adrien un gang de grenoblois bien connu des services de police et sous surveillance depuis plusieurs jours. Une vidéo a même été réalisée, mais à cause de la distance, elle ne possède pas de son. Les enquêteurs font venir des spécialistes de lecture sur les lèvres, afin de pouvoir déchiffrer les échanges. Après le cambriolage, le gang grenoblois est arrêté. Les membres avouent avoir été contactés par Richard Llop pour faire le coup, mais ont refusé. À aucun moment il n'a été question d'un faux cambriolage. Pour eux, Daniel Malgouyres est totalement innocent.

Le 6 novembre 2018, Daniel Malgouyres est remis en liberté sous contrôle judiciaire avec l'obligation de résider en dehors du département de l'Hérault. Il clame toujours son innocence. Daniel Malgouyres, avec l'aide de sa sœur Magali et de sa famille, va pouvoir loger dans le département des Pyrénées-Orientales. Pourtant l'homme va violer à plusieurs reprises son contrôle judiciaire. Il n'a pas quitté le département de l'Hérault et tente à plusieurs reprises d'entrer en contact avec sa maîtresse

Yolanda. Dès le lendemain, son contrôle judiciaire est révoqué. Daniel Malgouyres est replacé en détention immédiatement, il n'en sortira plus jusqu'à la date de son procès. Une procédure qu'il ne comprend pas et accepte mal. Yolanda, pour lui, n'a rien à voir dans cette affaire.

A l'ouverture du procès on assiste à une réelle complicité entre les deux autres accusés. Richard Llop et Richard Bruno, qui comparaissent libres, entendent bien mettre toute la responsabilité sur le dos de Daniel Malgouyres, seul présent dans le box des accusés. Un accusé qui se défend mal et très maladroitement, réitérant les mêmes erreurs que pendant l'instruction, la violation de son contrôle judiciaire ne sont pas là non plus pour l'aider. Daniel Malgouyres utilise la cour d'assises comme une tribune pour la légitime défense, argument qu'il a d'ailleurs donné à plusieurs reprises à la presse. Pour lui, il n'a rien à faire là.

Ses avocats vont surtout se battre grâce à ce qu'ils appellent « la légitime défense de nuit » dans son article 122-6 du code pénal. (Est présumé avoir agi en état de légitime défense celui qui accomplit l'acte 1° Pour repousser, de nuit, l'entrée par effraction, violence ou ruse dans un lieu habité ; 2° Pour se défendre contre les auteurs de vols ou de pillages exécutés avec violence). L'avocat général Georges Gutierrez, dans sa plaidoirie, ne veut accorder aucune mesure de clémence à l'accusé Daniel Malgouyres, estimant que les faits sont très graves :

tentative d'extorsion de fonds sur la personne de son épouse Françoise, prise en otage en bande organisée, homicide volontaire contre son complice David Viers. Georges Gutierrez requiert une peine de 30 ans d'emprisonnement. Les jurés semblent suivre cet avis, ce qui est un échec pour la défense, même si la peine sera plus clémente.

Le 17 décembre 2021, Daniel Malgouyres est reconnu comme l'instigateur du faux cambriolage, coupable d'une tentative d'extorsion au détriment de son épouse et du meurtre de David Viers. Il est condamné à 18 ans de réclusion. Quant à Richard Llop, l'organisateur du cambriolage et Richard Bruno, le deuxième cambrioleur, ils sont respectivement condamnés à huit et sept ans de prison. Daniel Malgouyres déclare : « Je suis totalement innocent » pendant que son escorte l'emmène vers les couloirs du palais de justice, après l'annonce du verdict. Il annonce sa décision de faire appel.

Son épouse, Françoise, partagée entre les sentiments qu'elle éprouve encore pour le père de ses enfants, refuse dans un premier temps de croire en sa culpabilité. Toutefois, après le verdict, Françoise se dit que, tout compte fait, elle connaissait peut-être mal son époux, victime peut-être du « démon de midi », amoureux de Yolanda, sa Colombienne. Si son mari est vraiment coupable, il a mis sa vie en danger. Et qui sait ce qui se serait passé ensuite ? Daniel aurait-il osé tuer son épouse et le second complice, avant qu'il ne prenne la fuite ? Et après, Richard Llop, pour ne laisser aucune trace ? Cela reste toutefois une cruelle vérité à ses yeux après tant d'années passées aux côtés d'un homme qu'elle aimait.

Le 29 novembre 2022, le procès en appel s'ouvre devant la cour d'assises de l'Aude à Carcassonne. Le ministère public n'a pas fait appel des condamnations de Richard Llop et Richard Bruno, qui comparaissent en qualité de simples témoins. Daniel Malgouyres sera donc seul dans le box des accusés. Sa défense va donc profiter du fait pour incriminer les deux supposés complices, en particulier Richard Llop, pour espérer faire basculer l'accusation, dédouanant leur client. La manœuvre marque profondément les jurés. L'avocat général est, comme en première instance, Georges Gutierrez. La défense de Daniel Malgouyres est assurée par maître Jean-Marc Darrigade et par maître Cyril Malgras. Françoise Malgouyres, partie civile, est désormais défendue par maître Iris Christol. Sandra Viers, la veuve du cambrioleur abattu, David Viers, est également présente, défendue par maître Florence Delfau-Bardy.

A l'issue de deux semaines de débats, l'avocat général requiert 20 ans d'emprisonnement contre 30 ans lors du premier procès. Dans sa plaidoirie, Jean-Marc Darrigade, avocat de la défense, plaide une accusation « injuste » et estime que la cour « ne pouvait pas le condamner sur les affirmations d'un escroc qui a trahi son ami ». Daniel Malgouyres dénonce une erreur judiciaire, affirmant qu'il n'est pas l'instigateur du cambriolage. Après plus de cinq heures de délibérations, les jurés de la cour d'assises de l'Aude rendent leur verdict. En appel, Daniel Malgouyres est de nouveau condamné pour meurtre mais acquitté pour l'association de malfaiteurs. Sa peine est réduite à 15 ans de réclusion criminelle le 12 décembre 2022.

Les grands criminels 10

Margaretha Geertruida ZELLE - Mata HARI

Les grands criminels 10

Marie-Alexandrine BECKER

Les grands criminels 10

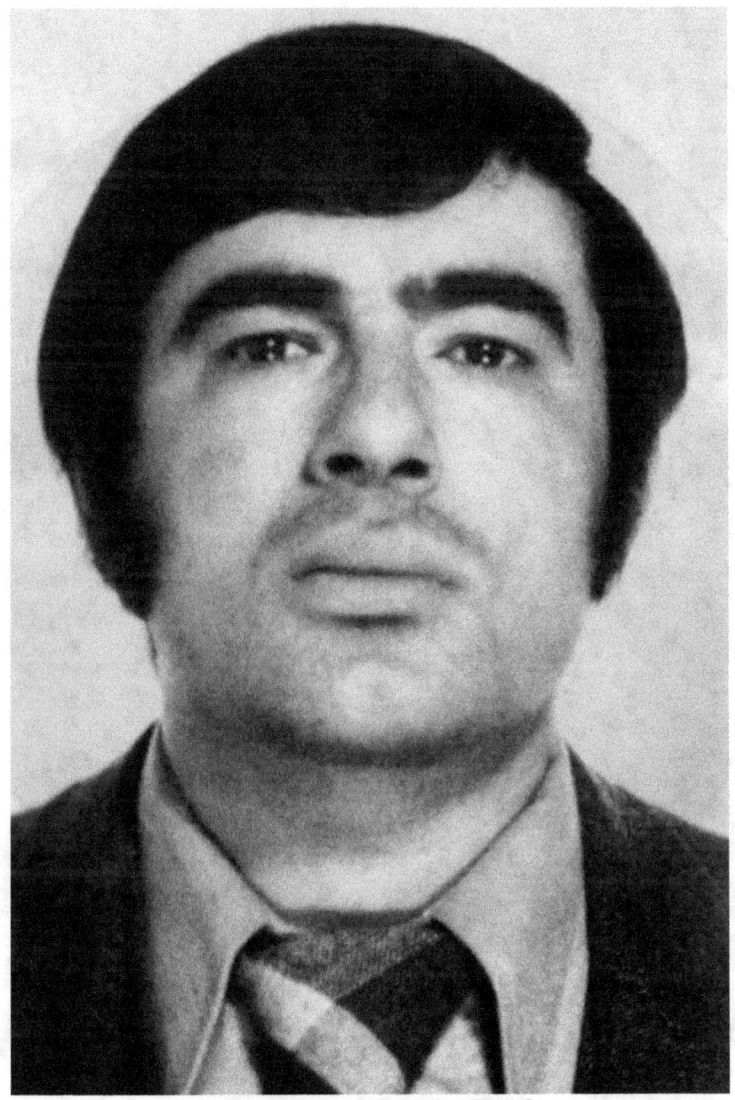

Milivoj MILOSAVLJEVIC

Les grands criminels 10

Pierre CONTY

Les grands criminels 10

Stéphane VIAUX-PECATTE

Les grands criminels 10

Jean-Philippe MOUILLOT

Les grands criminels 10

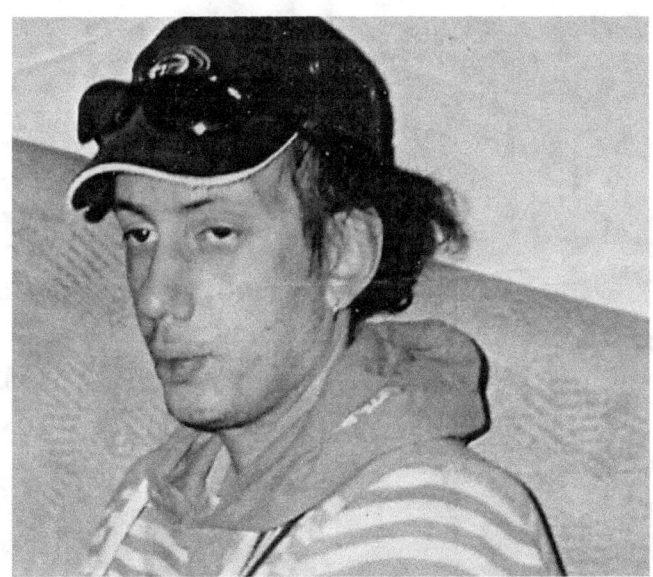

Georges POUILLE

Les grands criminels 10

Michel GUIBAL

Les grands criminels 10

Pierre LESCHIERA

Les grands criminels 10

Louis POIRSON

Les grands criminels 10

Lylian LEGRAND

Les grands criminels 10

Mohamed FALEH

Les grands criminels 10

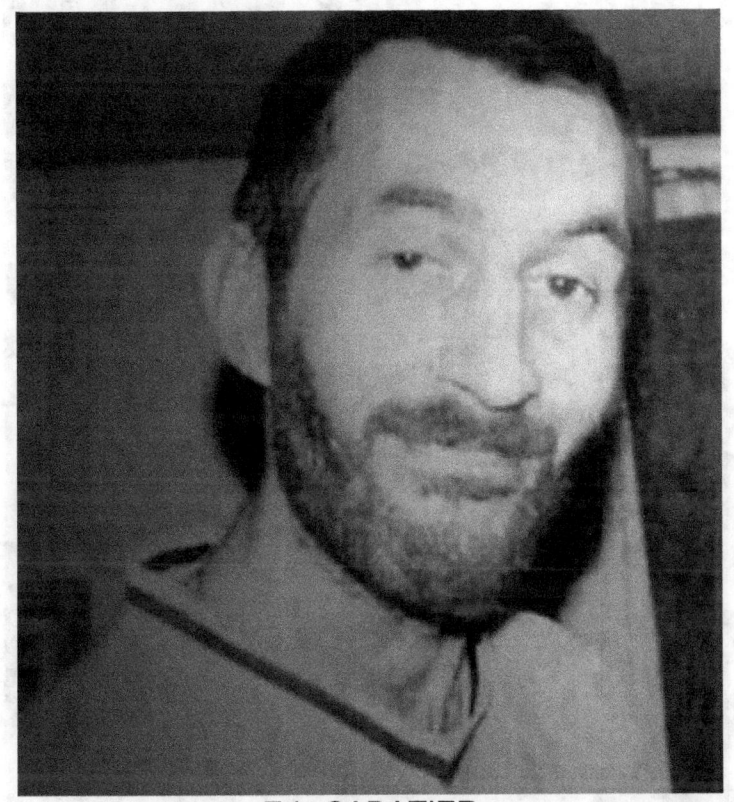

Eric SABATIER

Virginie DARRAS

Les grands criminels 10

Damien ROLLAND

Les grands criminels 10

Mélanie FLEURY

Les grands criminels 10

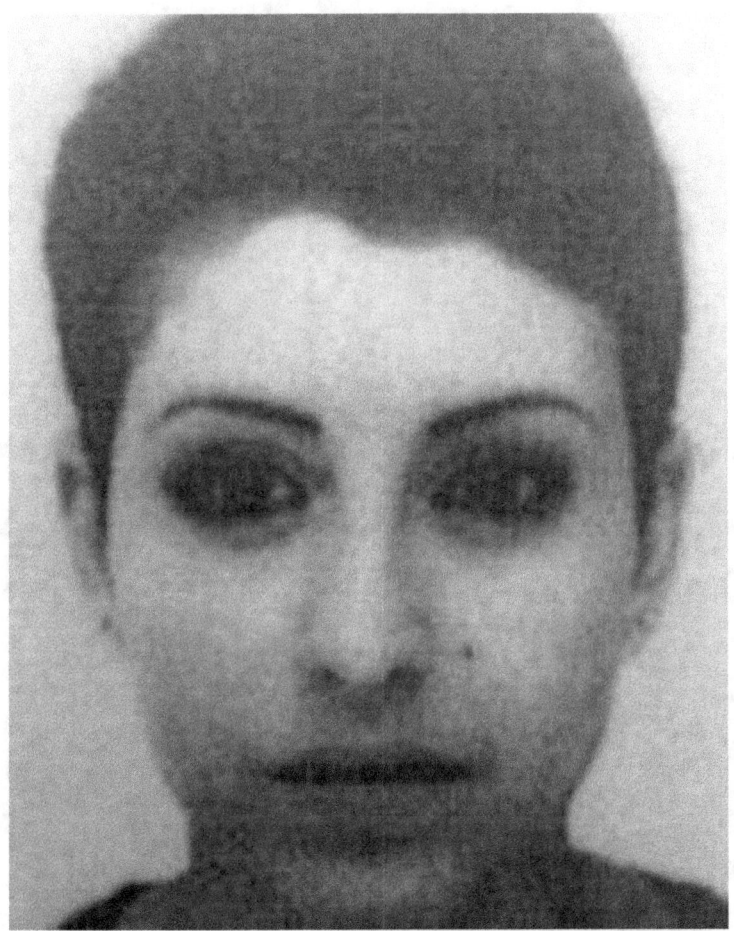

Laïla Id YASSINE

Les grands criminels 10

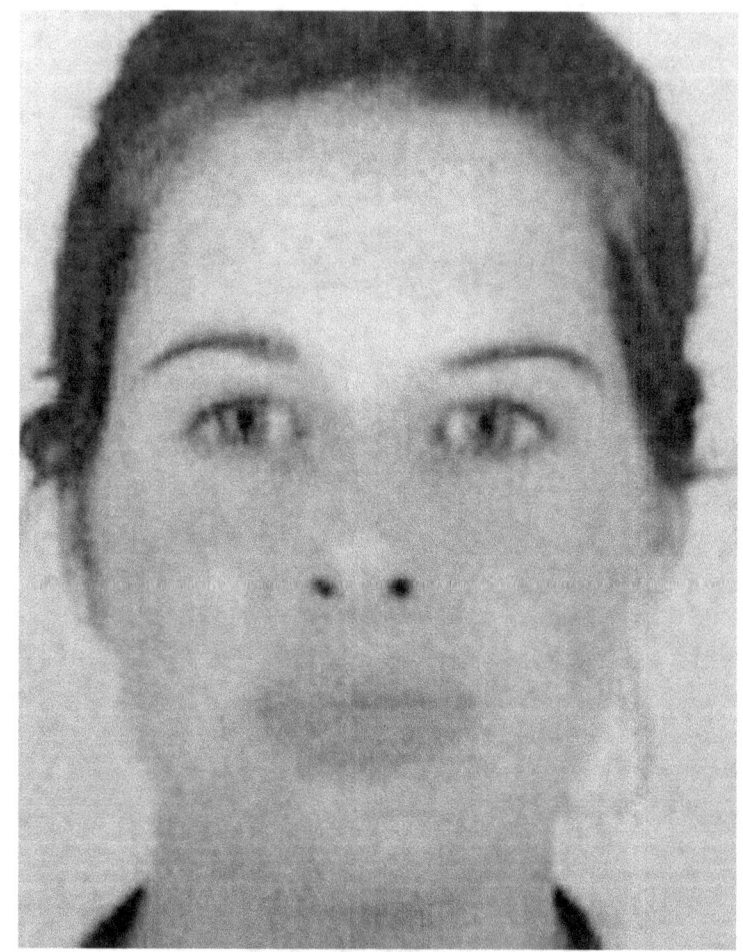

Elodie Le TOULLEC

Les grands criminels 10

Denis MANNECHEZ

Les grands criminels 10

Remi CHESNE

Les grands criminels 10

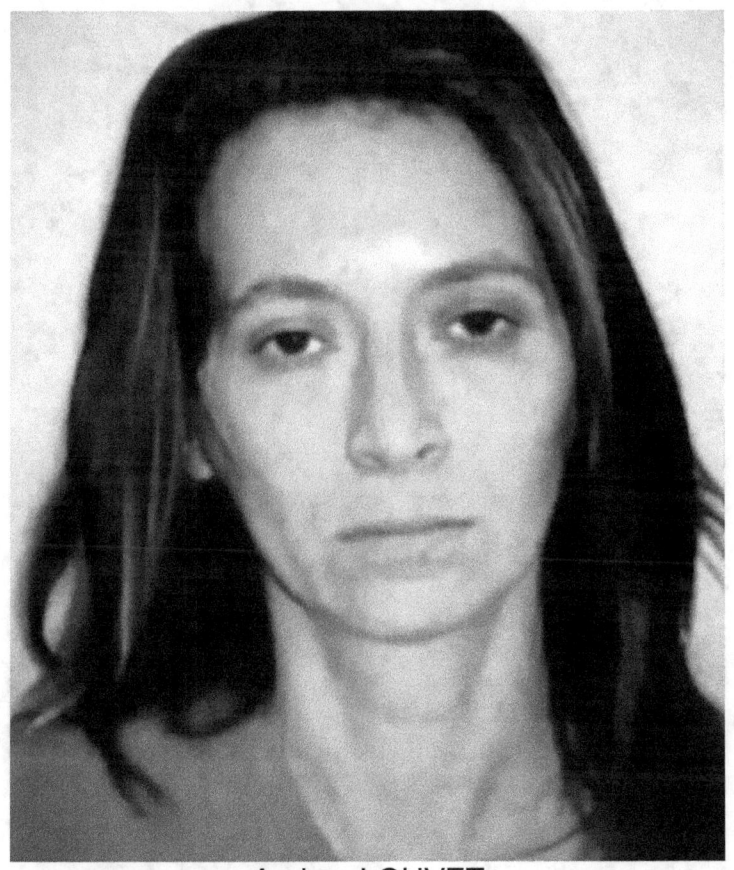

Audrey LOUVET

Les grands criminels 10

Daniel MALGOUYRES

Les grands criminels 10

Preface		07
1916	Margaretha Geertruida Zelle -Mata Hari-	11
1932	Marie-Alexandrine Becker	23
1977	Milivoj Milosavljevic	35
1977	Pierre Conty, Stéphane Viaux-Peccate, Jean-Philippe Mouillot	49
1991	Georges Pouille	63
1991	Michel Guibal	79
1991	Pierre Leschiéra	93
1995	Louis Poirson	109
1995	Lylian Legrand	129
1998	Mohamed Faleh	143
2009	Eric Sabatier & Virginie Darras	163
2010	Damien Rolland & Mélanie Fleury	179
2011	Laïla Id Yassine & Elodie Le Toullec	199
2014	Denis Mannechez	215
2014	Remi Chesne & Audrey Louvet	239
2017	Daniel Malgouyres	257

Du même auteur :

Aller simple pour l'échafaud
Terrorisme "le pouvoir de l'intimidation"01
Les grands criminels 01
Crimes aux usa 01
La galerie des monstres
Les grands criminels 02
Crimes aux usa 02
Les grands criminels 03
Crimes et cinéma 01
Crimes et cinéma 02
Les grands criminels 04
Terrorisme "le pouvoir de l'intimidation" 02
Crimes en haut de France
Les grands criminels 05
Crimes et cinéma 03
Les grands criminels 06
Les grands criminels 07
Crimes et cinéma 04
Les grands criminels 08
Crimes et cinéma 05
Criminologie débats et réflexions
Les grands criminels 09
Crimes et cinéma 06

www.ingramcontent.com/pod-product-compliance
Lightning Source LLC
Chambersburg PA
CBHW071826210526
45479CB00001B/8